你知道吗？

孩子的成长是有规律的。

希望这本书能帮你

真正了解自己的孩子。

全球阶梯教养圣经

Your Eight-Year-Old

你的**8**岁孩子

［美］路易丝·埃姆斯

［美］卡罗尔·哈柏   著

玉冰 | 译

北京联合出版公司

Beijing United Publishing Co.,Ltd.

目 录

contents

1
Chapter

极其活跃，并且希望得到肯定——
八岁孩子的年龄特征

八岁孩子似乎完全从七岁的"阴霾"里走了出来，他变得那样阳光好动，好似有用不完的精力。他愿意接受挑战，愿意接受新鲜事物，性格也变得开朗自信了。不过，即使在智力、体能和性格上有了这么多好的改变，八岁孩子的内心还是很敏感的，他渴望自己的表现被大家肯定，希望自己被大家接受。了解这个阶段孩子的特征，才能跟八岁的孩子相处融洽。

2
Chapter

既依赖他人，又相对独立——
八岁孩子的人际交往

与八岁孩子相处，可有点让人伤脑筋。因为这时候的他对待不同的人会采取不同的"策略"。其中，八岁少年最依赖的是妈妈，若是爸爸、祖父、兄弟姐妹或是其他人，则因人而异。这跟他的成长环境有很大关系。这时候孩子的性格很可能会影响到他以后性格的形成。

3
Chapter

自主性增强——
八岁孩子的日常作息与紧张宣泄

> 八岁的孩子在饮食、睡眠、着装、洗浴和控制情绪上都上了一个台阶。有些父母已经不用再为孩子不吃饭而担心；八岁的他在睡前也基本能料理得当；宣泄紧张情绪的方式也让我们可以理解。不过，虽然你的八岁孩子一切都慢慢趋于正常，但仍有个别情况需要你更加细心地关注和照顾。

主动打开心扉——
八岁孩子的自我意识与性意识

> 相比七岁孩子只关注自己的内心世界，八岁的他打开了心扉，开始融入外面的世界。他变得自信很多，愿意通过各种方式参与社会交往，并且越来越深刻地意识到自己与其他人的异同点。他勇于迎接挑战，期望获得承认和认可，并且懂得分辨是非好坏，开始重视诚信。在性意识方面，一提到"心仪"的异性，他们依旧会"满脸放光"。

1. 自我意识：开始融入外部世界　　　066

- ⊙ 开始敞开心扉
- ⊙ 想要深刻认识自己
- ⊙ 发觉自己与他人的异同
- ⊙ 从不同视角审视自己
- ⊙ 勇于接受挑战
- ⊙ 很关心自己的"财宝"
- ⊙ 道德意识
- ⊙ 能够辨别是非好坏
- ⊙ 注重诚信

5 Chapter

协调性增强——
八岁孩子的兴趣爱好与能力

伴随着八岁孩子身体运动协调能力和视觉能力增强，他的兴趣爱好也宽泛起来。他喜欢参加集体活动，还喜欢戏剧化的游戏，通过各种方式让自己参与其中。这时候的孩子在读书写字方面也上了一个台阶，他能够独立阅读自己喜爱的书籍，甚至愿意写信给自己喜欢的人。对看什么电视节目也有了自己的选择，只不过看电视的时间长短还需要家长来控制。

6
Chapter

思维日趋成熟——
八岁孩子的心智成长

> 虽然我们不能苛求八岁孩子事事做到完美，然而，这时候他的表现已经相当不错了。对空间和时间的感知虽不敌成年人，八岁孩子却已经懂得守时和辨认空间方位。此时，他分辨是非好坏的能力逐渐增强，向外的性格特点促使他能够正面面对死亡和神灵。在读书、写字和算术等能力上，八岁的他呈现出阶段性和自己的风格。

7
Chapter

乐趣与问题并存——
八岁孩子的学校生活

八岁孩子会主动去上学。然而，他们在学校的表现或许并不如你所期望。这时，请不要急于给他贴上"学习能力低下"等诸如此类的标签，还是要冷静地从孩子各方面的表现分析一下，他的能力是否真的到了上三年级的水平。

8
Chapter

庆生与游戏协调搭配——
八岁孩子的生日派对

> 由于八岁孩子向外拓展的天性，生日派对的筹划最好选择户外活动；也正因如此，他的生日派对最好有成年人在场，以维持派对秩序。家长们完全可以放心，现在外面有很多机构都可以为孩子举行生日派对提供便利，不必把如此热闹的活动安排在家里了。

Chapter 9

你是否也遇到过这些麻烦？——
源自家长们的真实故事

> 不同的孩子在成长的过程中会表现出一定的规律和特点，很多孩子在同一事件出现了同样让父母棘手的问题。为了帮助父母解决这些问题，我们特意挑选了一些有代表性的家长来信进行分析，相信对读者会有所帮助。

作者序

给父母一份关于孩子的成长地图

我们在这里讲述的是孩子在相应年龄段所应有的行为或者行为规范。这些东西能让不少家长看过之后感到心里踏实，因为做父母的总是愿意了解自己的孩子会有哪些行为。当然，我们这些描述也有可能反而使一些家长更加焦虑，甚至愤慨。好在绝大多数父母都会因为预先知道了孩子可能会出现的一些行为，而多多少少放松下来。而这正是我们愿意看到的事情。

尤其让许多父母感到安慰的地方是，他们现在终于明白，孩子在某些阶段出现的一些"糟糕"行为，其实是一种"正常"行为。因为，别人的孩子也都这样。

我们这一群人在阿诺·格塞尔博士的亲自带领下，跟踪了孩子四十多年，详细研究儿童行为的发展与变迁。我们的研究始于当年格塞尔博士指导下的耶鲁大学科研诊所，也就是现在著名的格塞尔人类发展研究所的前身。

这些针对数千名儿童（一点不夸张）的不断学习和研究，使得我们坚信，人类行为的成长模式十分有规律。我们可以相当准确地预料出孩子在某种行为阶段之后将会出现什么行为阶段。这里的行为，指的是能够表现出孩子的运动能力、语言能力、适应能力，以及与人相处的能力等各方面的行为。

我们的确能够很有自信地告诉你，**通常来说**，一个男孩子或者女孩子会在某个年龄出现某种行为特征。

但是，毫无疑问，没有哪个孩子可能是一个"通常来说"的孩子。正如我们在这本书里的第八章将要详细阐述的那样，**每一个孩子都是独一无二的个体，都可能从各个不同的方面有别于任何其他孩子，甚至包括和他或者她同胎而生的兄弟姐妹。**

因此，当我们告诉你，四岁孩子是张狂而可爱的，五岁孩子是沉静而安详的，六岁孩子又是怎样怎样的时候，请你记住一点，这并不意味着所有孩子都会在某个特定年龄段表现出某种特定行为来，而且都肯定或者应该跟我们的描述完全一模一样。

同样是发育十分正常的男孩和女孩，他们的行为成长既可能比我们描述的进程时间表更快，也有可能比我们的进程时间表更慢，当然也很有可能不偏不倚，与其同步前行。不论孩子的成长是更快还是更慢，这都不值得家长因此而忧心忡忡。

不仅仅是每个孩子的成长进程快慢有所不同，而且其行为的和顺与不和顺的程度也相当不同。有些孩子不论在哪个年龄段都十分招人喜爱，很善于调整自己，让别人觉得十分易于相处；另有些孩子则相反，不论家长多么懂得孩子、多么精心照料，他都有可能在整个童年阶段十分难以相处，甚至有可能在任何年龄段都十分不易相处。

有些孩子各方面的成长明显十分均衡，齐头并进。他们在各个不同方面的发育进程要么都提前，要么都延迟，要么都恰好跟我们的描述同步，包括他们的语言能力、运动能力、适应能力，以及所谓的为人处事的能力。可还有些孩子却并不均衡，比如有可能他的语言表达能力进步神速，而运动方面的能力却远远落后；或者很可能完全倒过来。

在这本书后面的章节里，我们将会详细阐述孩子与孩子之间的个体差异。但这却绝不是为了要让我们的读者因此而更加惴惴不安；相反，我们在这本书的一开始就再三强调，**我们对孩子各种行为的预期只不过是常规描述**，是对众多孩子自然展现出来的各种行为的一个概述而已。

我们不妨打个比喻，把这本书里以及其他类似书籍的描述都比喻成一份地图，而且是你想要前去旅游的那个国家的地图。我们**能够**告诉你的是那个国家总体来说是个什么样子；但是我们却**不能够**告诉你，你的旅程将会是什么样子。你可能比其他游客走得更从容些，或者更匆忙些；也可能比别人看得更细致些、更周详些，甚至有可能会回过头去再看看。你的这份地图既不能告诉你将会遇到什么，也不能告诉你应该做些什么。它能够告诉你的只不过是这块地界的大致模样。

人们大多愿意借助于地图的帮助。许许多多的父母也愿意借助于我们所做的这份孩子行为描述图的帮助。因此，如果你愿意，请使用我们的行为描述图吧，我们很希望你能因此有了一个很实用的向导，就像许许多多的家长一样。只是，请你不要因为我们的常规描述跟你的孩子不太一样，就去指责自己的孩子不好，或者指责我们的描述不对。每一个孩子都是一个美好的、与众不同的独立个体，我们仅仅希望这本书能够帮助你在孩子成长的各个阶段更加懂得欣赏他。

众里寻他千百度

每一个做了父母的人，都希望自己能够做一个对孩子成长负责任的好爸爸或好妈妈，我也不例外。当儿子的生命还蠕动于我的体内时，幸福的同时伴随着我的决心——一定要做一个好妈妈！

孩子出生了，他躺在我的怀里，吸吮着我体内流淌的乳汁，明亮清澈的大眼睛和我对视着，充满了对我的信任和爱，而此时，我却感到了一阵恐慌——我该如何去爱上天赐予我的这个宝贝？我懂得要给他吃母乳、要保护他的安全、要尽我所能地给予他最好的教育……但是，我不懂得在他每一个成长阶段，会出现怎样的心理发展过程，这些心理发展会让他呈现出怎样的行为，我又该如何去帮助他完成这些发展过程。比如，他现在才三个月大，他的精神需要是什么？我是否应该让他吃手指？在他六个月大的时候，他会出现怎样的行为？他四岁的时候如果与小朋友打架，我该怎么来处理……我感觉到做一个好妈妈有些力不从心！

随着孩子一天天长大，他真的开始吃手指头了；他去幼儿园的第一周就和小朋友打架了，脸上还被抓出了血痕；他开始追着我和先生的屁股不停地问问题，这个世界有太多他不明白的东西；他拿起剪刀把自己的头发剪成了朋克状；他在幼儿园为了不把大便解在裤子里而憋上一天，我们不明白他为何不去洗手间；他开始说"屁股""臭大便"，反复地说，我们越是阻止他说得越开心；他开始邀请幼儿园的小朋友到家里来做客，而且没有经过我们的同意就带小朋友回家了；他开始对文字感兴趣，家里的任何一本书以及大街小巷的每一个门牌和挂着的标语，他都要求我们认真地读给他听……

因为不懂得孩子，所以我们会犯下很多的错误。比如，当他的脸被小朋友抓出小小的血痕时，我告诉他："如果谁再靠近你，你就还击他！"当天，老师给我们的反馈是：

"你的孩子怎么了，小朋友才靠近他，他就出手抓人家的脸，他以前不这样啊！"我立即意识到自己的教育是有问题的，但问题在哪里，我却不知道。

当我发现自己存在问题后，我开始学习教育孩子的方法，于是到书店里去买书看。然而，十七年前的书店里，教育孩子的书种类非常稀少，唐诗和宋词外加名人教子语录，这些书籍无法帮助我理解孩子的成长规律，也无法让我学习到正确的应对方式，于是，我仍然在黑暗中摸索着孩子的成长规律。

在孩子十五岁的时候，我才接触到了教育的核心，才开始明白教育的本质是帮助孩子完成每个年龄阶段生命发展的任务，可是，我的孩子已经十五岁了！他成长中最重要的时期被我错过了，那种因为错过而心痛的感觉让我在许多夜晚不能成眠，我们和孩子都无法重新来过，我们再也回不到从前了！现在，孩子已经二十岁，即将离开我们远赴英国上大学。好在从我明白错过的那一刻起，我没有再错过孩子的成长。这五年是我弥补自己缺失的五年，感谢上天给了我这五年的时间！

有了陪伴孩子成长的经历，有了我对教育的研究和感悟，我觉得自己有责任为年轻的父母们做点什么，让他们不再重蹈我们的错过。这些年来，我不断地接触、体验和思考新兴的教育理念和方法，寻找能够给父母们带来更好帮助的书籍。但是，一直没有这样的书入我的眼，直到玉冰把这个宝贝带到我的面前，这套书让我眼前一亮——这不正是我多年来苦苦寻找而不得的宝贝吗？！

这是一套研究 1~14 岁孩子发展规律的书，一群严谨的学者用了四十年的时间来研究每一个年龄阶段孩子的发展规律，并给父母提出了具体的建议和应对方法。虽然我国也有很多研究教育的机构，但是，我们缺乏对各个年龄阶段孩子科学严谨并能够持续四十年之久的研究。这套书能够弥补我们的缺陷，给我们的研究和父母养育孩子提供非常大的帮助。

虽然东西方存在着文化上的差异，但是，在人类这个物种成长和发展的规律上，存在的差异不会太大。比如，无论是西方还是东方，孩子们都需要在妈妈肚子里怀胎十月才出生，一出生就能够吸吮，出牙的年龄都在 4~6 个月，都会在一岁左右走路，都能够解读成人的表情，都会在同一个年龄阶段出现相应的敏感期……无论是东方还是西方的父母，都希望在了解孩子发展规律的基础上来帮助孩子成长，都希望孩子具备善良、有责任感和自律等优秀的人格品质，都需要具备帮助孩子建构健康人格的能力，由此，我相信这套书能够帮助到中国的父母们。

假如，在我的孩子刚出生时，我就能够看到这套书，我就有信心做一个好妈妈。因为，我会了解孩子在当下的生命发展过程中会出现怎样的行为，我该给予孩子怎样的帮助，才能让他顺利地完成这个阶段的发展任务；同时，我还会预见孩子在未来每一个年龄阶段生命发展的方向，我会提前做好相应的心理和物质准备。虽然，对于我来说这一切都只能成为一个"假如"，但对于孩子在成长阶段的读者来说，这是真实可行的！

胡萍

2012 年 4 月 26 日于深圳

编者注：胡萍，中国儿童性教育的先驱。2001 年开始研究儿童性健康教育和儿童性心理发展。2004 年开始在全国 50 多个城市开展性健康教育父母课程，并多次与中央电视台、新浪网等合作录制儿童性健康教育节目，其代表作有《善解童贞》《成长与性》《儿童性教育教师用书》等。

在这里寻找答案

"教育是一门科学，不能仅凭经验。"这是我回国后一直倡导的教育价值观。

2002 年我从德国慕尼黑大学毕业后回到国内开始从事教育工作，将近十年的工作中让我感到困扰最多的就是父母宁愿相信经验，而不求证于科学；父母宁愿把自己的孩子和周围的孩子相比，也没有办法用科学的方式评价自己孩子成长得是否合适。

印象最深的是每次都有父母非常焦虑孩子的正常现象。比如说"多动"。在他们的眼中，如果一个四五岁的孩子无法专心做事 30 分钟就是多动症，就需要看病吃药，就会导致学业问题。每次当我耐心地向他们解答每个年龄段不同的正常现象，持续多长时间就是在正常范围之内才能减轻他们的担心。比如父母们不明白为什么三四岁的孩子喜欢拿着东西就往地上扔，喜欢强调"我"。

只有当父母知道什么是"正常"，才能真正理解孩子的行为，也才能给予正确的引导。

所以，我特别希望有一套介绍个体发展基本规律的书籍帮助父母认识到个体发展规律，帮助他们能够判断孩子行为的"正常"和理解孩子行为背后的原因。

相比较个人发展和心理认知的专业书籍的晦涩，《你的N岁孩子》系列更加生动，语言容易理解。在这本书中，读者会看到的是一群同年龄的孩子，他们的生活跃然纸上，在这里，你一定会找到自己家里的那个宝贝，也能更加走进他们的内心。

兰海

编者注：兰海，上濒教育机构创始人，毕业于德国慕尼黑大学教育心理学专业。研究方向：创造力发展、青少年成长、教育规划、亲子关系。兰海先后在慕尼黑大学获得心理学、教育学和社会学三个学位，在九年的教育实践工作中，对国际、国内的教育状况有异常深入的了解和研究。目前，兰海是中央电视台少儿频道《成长在线》栏目特邀专家；《父母世界》杂志特邀专家。著有《嘿，我知道你》《孩子需要什么》。2009年，中国教育报专题人物报道：《教育是科学，不能仅凭经验》；2011年4月，CCTV10《人物》栏目专访：《带孩子寻找快乐的老师——兰海》。

在帮助孩子的同时懂得孩子

我要郑重地向所有的家长们推荐这本书，因为这是迄今为止我看到的对家长育儿最有帮助的书；我也要郑重地向老师们推荐这本书，因为有了这本书，忙碌的老师们就再也不用为发展心理学中那些生涩的字词而头痛了。妈妈和老师不想成为理论研究者，他们只想在帮助孩子的同时懂得孩子。他们只想知道一个两岁的孩子眼皮都不抬地乱扔东西是否正常；他们只想知道当孩子乱扔东西时，他们该怎样帮助孩子。

当有一本书说"孩子的感知运动时期的第八循环第一阶段，其生物功能如何被环境改变，这一改变来自怎样的图示过程"时，家长和老师们真的就被吓住了，他们会带着可怜的、自信心受到打击的神情对你说："我学不会，我看不懂，我做不到。"

假设你是那个作者，当一个老师或一个家长这样对你说时，你会绝望吗？你会觉得他们不适合做父母和老师吗？这时，请你看看这本书，看看它是用怎样的关怀向想要了解孩子的人讲述孩子，又是用怎样朴实贴切的招数在帮助它的读者。看了这本书，你会知道，这本书是有鲜活灵魂的，当你面对它时，你会自然轻松地用心灵与它沟通。

我要说，朋友们，请打开这本书吧，不管你是妈妈还是爸爸，不管你是老师还是教育家，请打开这本书吧！

李跃儿

编者注：李跃儿，中国著名儿童教育专家，中国芭学园创始人，曾为《父母》杂志教育答疑专家、央视少儿频道签约专家。畅销书《谁拿走了孩子的幸福》系列的作者。2004年荣获第三届中国国际家庭教育论坛"华表奖"和"形象大使"称号。2006年荣获"2006年中国幼儿教育百优十杰"（第一名）称号。2009年荣获"2009中国民办幼儿教育十大杰出人物"称号。2012年荣获"教育木兰奖"。

因为懂得，所以从容

　　我的小羊羊，再过几个月就该满九周岁了。过去的这几个月，我一边翻译这套书，一边根据我看到的对七岁、八岁、九岁孩子的描述观察他。我知道他身上还带着一些七岁孩子的特点，觉得这世界有时候还是挺不待见他，他也仍然喜欢埋在自己的想象世界中神游；我也知道他身上已经带出一些八岁孩子的特点来，他开始明显有了对与错、好与坏的观念，而且很能"严以律人"（呵呵，他还不够能力严以律己）；他甚至也开始有了一些九岁孩子的特征，更愿意听从"道理"，而不再一味地"蛮不讲理"。这是一件多么奇妙的事情！我认真地揣摩他，努力去理解他，仔细地感受他，随时享受着他的可爱，宽容着他的可恼，思索着怎么化解我们之间的不够协调……

我真的很欣慰，身边能有这么一套书，能够如此贴心而实用地帮助我理解我的孩子。我发现真的正如作者所说，这套书是一套"地图"，让我知道这块"地界"大致会是什么模样。我也真感谢能有这么一套"地图"，正如我这个路盲开车出门之前总要仔仔细细研读地图，做到自己心中有数之后才敢上路一样，有了这套《你的 N 岁孩子》，我真的觉得对孩子有了种"心中有数"的感觉，而不再像以前那般，时不时陷入迷茫、困惑、焦虑、苦恼之中。

虽然我的孩子跟书上描述的并非一模一样，就正如我的羊羊有本事集七八九岁孩子的特点于一身，但是这并不妨碍我对孩子的行为、心理、与我的亲子关系等方面有个大致的了解，因此，我能够借此不断调整我对孩子的期望值，不断调整我与孩子相处的分寸。尤其是羊羊马上就该九岁了，即将走上"远离"妈妈的青春之路，小翅膀就要开始展开了，我必须做好准备，在他需要我的时候，伸出我的手，在他需要飞的时候，松开我的手。

而这正是这套书的作者所希望看到的，也正是这群儿童研究专家们的初衷。为此，我由衷地感谢他们，感谢他们用心血和真爱凝成的这一套书。

我第一次接触到这套书的时候，我的两个淘气的小男孩还只有两三岁。那时候我一边四处搜寻怎样养育孩子的书，一边和孩子一起参加美国老师主办的亲子班。老师的素质非常好，专修过三门儿童心理方面的不同学位，常常给我们讲述一些不同年龄的孩子会有些什么样的"坏"行为、孩子为什么会有这样的行为以及妈妈这时应该怎么办。这些知识让我十分惊奇，为我打开了一扇全新的了解孩子心理和行为背景的窗户，更何况，老师传授的"技巧"还真管用！我越来越喜欢向老师请教。有一天，老师把我带到亲子班的一个书架前，拿出一本书来介绍给我：你读读这本书吧，会很有帮助。我接过书一看，立刻注意到这本书里的内容和老师授课的内容十分相近！我蹲下身子，往书架里仔细一看，嚯！四岁、五岁、六岁、七岁……每一岁都有一本！

我立即拿了两本回家读。从此，我爱上了这套书！

这套书和其他育儿书最大的不同，在于成书的背景。很多育儿书，包括现在最走红的海蒂·墨卡夫的书，大多都是妈妈根据自己的体验和感悟而写成的书，也有些儿童教育专家根据自己的知识和经验写成的好书。但是，这一套《你的 N 岁孩子》系列，却是由美国著名的"格塞尔人类发展研究所"的一群儿童研究专家，从 20 世纪 50 年代开始，经过四十多年的严谨而系统的跟踪，针对数千名孩子在不同年龄段所做的详细观察和了解，而总结出来的系统研究成果！不但很有深度，而且很有广度。这里有任何一位妈妈或者儿童心理学家都不可能企及的充足的数据、翔实的研究、精密的分析、高度的概括。

正因为这套书的成书背景如此特别，使得它不仅仅是一套很实用的育儿宝典，而且是一套很科学的儿童行为认知学的科普读物。研读这一套书，不但能让你预先了解你的孩子在不同的年龄可能出现哪些让你十分向往的以及让你十分头疼的行为表现，从而让你有了合理的心理预期和心理准备，面对困境时能够更加从容而不至于惊慌失措烦恼不堪；而且，这套书还能让你明白孩子的许多"坏"行为不但是短暂的阶段性的行为，其实也是合理的孩子气的正常行为，从而能让你放下许多不必要的焦虑和心理包袱。故此，不但你的日子能过得更舒坦，孩子也能活得更率真、更健康。

随着我的两个小儿子逐渐长大，我慢慢了解到，这套育儿宝典，不但是美国亲子班、幼儿园老师们的养育依据，而且还是美国小学老师了解和对待不同年级孩子的心理、行为的依据。每年开学，孩子升到不同的年级，我都能收到学校发给家长的一份文件，告诉我们孩子在今年会有哪些特点，父母应该特别注意哪些事项。我也通过在学校频繁做义工的机会，深刻体会到学校老师对待不同年级的孩子真是不一样，不但对孩子的约束要求不一样，而且约束孩子的方式也不一样，十分合理而人性化。从这个角度来说，这套书不但适合父母朋友们学习和阅读，而且也适合幼儿园老师、小学老师、甚至中学老师们阅读和学习。

别看这套书是 30 多年前的"老古董"，它之所以到今天仍然被美国学校奉为宝典，正是因为这套书的主题是孩子发育与成长的客观规律，而客观规律是不会过时的。当然，有些外在的环境影响是有了一些改变，比方说那时候还没有"ipad"，现在估计很多孩子都陷于这种现代电子游戏中而给家长带来新的烦恼。不过，只要我们能够智慧而灵活地运用这套书中的基本观念，就可以自己动脑筋想出办法来，让我们和孩子走出困境。

这些年来，随着孩子的渐渐长大，我总会不断遇到新的问题新的苦恼，也总是能够不断地从这套书中获取知识、汲取力量，调整我的心态，调整我看待孩子"坏"行为的视角，也调整我和孩子相处的进退尺度和协调方法。这套书已经很多次成功地帮助我走出亲子关系低迷的僵局，解决了我心中的困惑、焦虑、烦躁、失落。我的两个孩子，不但在家庭的小环境里，而且在幼儿园和学校的大环境里，沐浴在这套书的福泽之中，成长得健康、活泼、快乐、聪明。

正因如此，我对这套书情有独钟。一年多前我就下定决心，一定要想办法把这套宝贵的好书介绍到中国来，造福中国的孩子和父母。几经曲折几番努力，终于得到了北京紫图图书有限公司对我的信任和支持，我总算是如愿以偿，能够亲手把这套书翻译给祖国的家长和老师朋友们。

我替你的孩子感谢你，因为，你愿意研读这套书，愿意接纳这套书将带给你的新知识、新观念、新视角。我在此真诚地祝福你，祝福你的孩子，祝福你全家。你们一定会从此更加相亲相爱，更加幸福和美。

玉冰

美国洛杉矶

2012 年 8 月 16 日

编者注：玉冰，美籍华人，畅销书《正面管教》的译者。她十分重视儿童教育发展，也十分重视亲子关系对孩子成长的巨大影响。此外，她还译有《与神对话——献给青少年》等作品。

八岁孩子能力发展及教养简表

	八岁
特征分类	八岁孩子所具特征
整体特质	◇ 外向活跃，具备基本的判断能力 ◇ 对外界的反应极其敏感 ◇ 热衷探索新鲜事物 ◇ 喜欢探究新领域，不喜欢窝在家里 ◇ 对人际关系十分感兴趣 ◇ 经常自我反省 ◇ 渴望得到他人肯定
人际交往	◇ 与妈妈的关系显得更为复杂、微妙，也更为紧张 ◇ 与爸爸的关系轻松缓和许多，会以爸爸为榜样 ◇ 与兄弟姐妹因嫉妒而发生争吵 ◇ 祖孙关系十分融洽 ◇ 家庭结构对孩子的感情影响很大 ◇ 与伙伴们主动建立关系

	八岁
饮食	◇ 胃口极好，食量渐长 ◇ 用餐技巧熟练，用餐礼仪有待提高 ◇ 对过敏食物要严加控制
作息	◇ 睡眠时间因个体差异而不同 ◇ 入睡速度与体形类型有关
洗澡穿衣	◇ 能自己洗澡，却打理不好细节 ◇ 不主动洗手 ◇ 自己主动穿衣服，却马马虎虎 ◇ 自己挑衣服 ◇ 主动收拾衣服 ◇ 对衣服品牌和款式很关注
健康与疾病	◇ 身体抵抗力逐渐增强，患病次数减少 ◇ 要格外留心，以免意外发生 ◇ 面对紧张情绪，以小便的方式解决 ◇ 习惯吸吮手指排解紧张情绪
自我意识	◇ 敞开心扉，接纳他人 ◇ 认识自己、审视自己 ◇ 勇于冲向一切挑战 ◇ 自己的"财宝"看得很紧 ◇ 对好与坏、对与错已经有了比较清晰的概念
性意识	◇ 男女意识增强 ◇ 对小婴儿兴趣倍增 ◇ 心里有颗浪漫的种子

	八岁
兴趣爱好与能力	◇ 热爱集体互动活动 ◇ 偏爱创造性活动 ◇ 对室内活动依然感兴趣 ◇ 男孩与女孩喜欢的游戏类型有区别 ◇ 能够选择自己感兴趣的东西阅读 ◇ 喜欢写东西 ◇ 真正喜欢音乐的孩子会主动练琴 ◇ 喜欢看电视
动作协调能力	◇ 身体姿势协调 ◇ 好动 ◇ 热衷新挑战 ◇ 身体协调能力增强
视觉能力	◇ 视觉灵活 ◇ 视野角度开阔
心智能力	◇ 时间概念增强 ◇ 空间辨认感因人而异 ◇ 阅读偏于印证自己知道的事情 ◇ 写字具有自己的风格 ◇ 算术能力参差不齐 ◇ 判断能力增强 ◇ 喜欢夸大事实 ◇ 对神灵、死亡有正确的认识 ◇ 是非判断过于明确
校园生活	◇ 热爱上学 ◇ 喜欢超越别人 ◇ 尊敬老师，热爱集体

极其活跃，并且希望得到肯定——

八岁孩子的
年龄特征

八岁孩子似乎完全从七岁的"阴霾"里走了出来，他变得那样阳光好动，好似有用不完的精力。他愿意接受挑战，愿意接受新鲜事物，性格也变得开朗自信了。不过，即使在智力、体能和性格上有了这么多好的改变，八岁孩子的内心还是很敏感的，他渴望自己的表现被大家肯定，希望自己被大家接受。了解这个阶段孩子的特征，才能跟八岁的孩子相处融洽。

1. 本阶段孩子的特征

典型的八岁孩子是一个外向而活跃的孩子，而且具备了评估与判断的能力。与七岁的时候不同，遇到困难时他不再退缩，相反，他会一往无前，迎接生活中的每一个挑战。

❖ 性格外向，行动迅猛

正是由于这种典型的外向而又追求**向外拓展**的天性，和七岁相比，八岁的孩子对周边环境的回应要主动得多。他充满了活力，仿佛愿意迎接生活中的一切，甚至是那些新奇的、有难度的事情。他的性格变得开朗大方，不再像前段日子那么羞怯，与人相处显得自然得多。他甚至会充满自信地与陌生人接触。

几乎所有的成年人都认为八岁孩子生龙活虎，或者叫风风火火。他满屋满院子飞奔，对挡在路上的障碍似乎毫无知晓。他能随时随地投入某种行动之中。他完成任务快，做游戏快（喜欢来回奔跑），说话快，甚至吃饭也快。很多情况下，他往往会迅速地从一件事转换到另一件事上，并且很少花时间来看看刚才做过的事情。

❖ 对外界的评价敏感

尽管他向外拓展而且风风火火的做派往往导致做事粗心，但是八岁的孩子通常不会太在意这些。然而，他新具备的评估与判断能力，往往会给他带来不少困扰。他知道自己哪里搞砸了，很不愿意原谅自己的错误。他也知道哪些地方别人对他的回应远不如他所期待的。八岁孩子对别人对他的批评极其敏感。不过另一方面，这种评估与判断的能力有时候也能帮助他做出恰当的判断，比如他能不能完成任务，会不会陷于失败。这使得他不至于轻率行动，有时还能阻止他去做那些完全不可能完成的事。

❖ 智力发展的黄金时期

八岁孩子的智力方面，也和其他各方面一样不断向外拓展。他善于表达喜悦和好奇。他越来越意识到自然的力量。他既能够区别棒球与橘子、飞机与风筝、木头与玻璃的根本不同，也能发现它们的相似之处。他开始着迷于植物生根发芽和动物的生命历程。他甚至开始相信所有人都有生老病死，而且明白总有一天他也会死。幸好现在处于相对阳光而开朗的年龄段，不然的话，若是在此之前的七岁，这不知该让他多么灰心丧气。

八岁的孩子太热衷于聊天了！从学校一回到家，他会"喷涌出"没完没了的新闻："你肯定没见过类似这种样子的东西！""哦，那真可怕！"事实上，每一件事他都要夸大一番。"嗨！我怎么了？""这真使我抓狂！""我老是把这么简单的事情弄糟。"

❖ 不再喜欢窝在家里

八岁孩子的活动空间也在不断向外拓展。现在，他可以独自从较远的地方乘公共汽车回到家。他在邻里附近的活动范围越来越大，以至于有时你都很难找到他在哪儿。他喜欢到没去过的城市去，喜欢参观博物馆、动物园和其他有趣的地方。他的空间世界比过去更为宽广，因此对地理也有了兴趣。他对东南西北的方向以及他所在社区的分布已经有了很清晰的概念。

七岁孩子往往喜欢窝在家里或者家的附近，而八岁孩子则喜欢探索新的地域。他的眼界远远超越了邻里，开始向更宽广的地方扩展。比方说，他开始喜欢邮购，喜欢查阅百科全书。

❖ 全面发展，各方面趋于成熟

和七岁的时候比起来，八岁的孩子总的来说变得更加健康，更加有活力，喜欢打打闹闹、吵吵嚷嚷的活动。不论是说话、读书、写字，还是弹钢琴，他的速度总是很快。他吃饭时狼吞虎咽，屁股挂在椅子边上，随时准备冲出门去，常常还没有穿上袜子或者披好衬衫就跑得没了影。八岁男孩可能会故意夸大他的雷厉风行，以显示他的男子汉气概。

七岁孩子往往过于焦虑，而且常常往坏处想，因此在很多方面他还显得相当幼稚；可是，八岁的他却开始显露出成年人的气度来。他明显长大了不少，连他的容貌也成熟了许多。他的身体也在发生微妙的变化，你已经可以看得出将来他长大时候的影子了。在参加体能活动时，他身体的协调度也显然更加成熟。

❖ 关注自己的人际关系

对于八岁孩子而言，人际关系至关重要，不论是他与父母的亲子关系，还是跟朋友之间的友好交情。六岁时，孩子忙着与他人建立协作关系。八岁的孩子则忙着与他人建立感情关系和态度关系，他对别人的印象和别人对他的印象都变得很重要。

典型的八岁孩子往往喜欢凑过去听成年人谈天说地。他关注他们说话时的表情，希望听到他们能说一些有关他的好话。他还能意识到成年人的世界和他的世界之间的差距，并且随之做出自我调整。

八岁孩子这时对人际关系十分感兴趣，尤其对他身边成年人之间的关系很是好奇。事实上，他简直就是一个小小的"好打听"。女孩子通过玩纸娃娃来探究家庭矛盾以及家庭关系，这正如棋盘上的棋子一样，纸娃娃也能够扮演各种角色和场景。父亲、母亲、新郎、新娘、女儿、儿子、婴儿以及访客，这些都可以用纸娃娃来代替，而且孩子还能配以戏剧化的导演和解说。有时候这些对话能够昭示出比表面语言更深层的东西："我丈夫不会对我忠诚的！"一个八岁女孩对她的朋友说道。她的朋友幸灾乐祸地说："他已经对你不忠诚了。"

❖ 强调自我

八岁孩子的自我意识在不断增强，他对所有能调动起他兴趣来的事情都很积极。正如一位八岁孩子的母亲所述："就连他的姿态都是他自己的样子了。"到了八岁，孩子对自己的外貌、个性有了明显的觉察。他可能徘徊于渴望长大与不愿长大之间。他也会戏剧化地夸大他的问题和矛盾。

八岁孩子的能力水平只不过居中，可是在他看来别人对他的标准却出奇的高。这两者之间的差距能让他一时很不快乐，甚至气得直哭。有时候他就吹嘘或者狡辩，说他能做什么或者愿意做什么。他很容易感到伤了自尊，对别人的批评很敏感。他的确常常把事情做砸了，也常常很快就能意识到，禁不住唉声叹气："我怎么也做不好！""我老是做错！"

❖ 渴望赞许

八岁的孩子不仅跟自己过不去，跟别人也一样过不去。他变得争强好胜、强词夺理，对妈妈更是如此。为了给自己对别人的攻击找到借口，他往往会使自己相信是他遭到了别人的攻击。

八岁孩子做成一件事情之后，很希望能得到别人的夸奖。他也许会这么问你："这很难看，对吗？"心里其实期待着"这很好看"之类的回答。然而另一方面，由于他已经具备了一定的评估与判断能力，因此，他期望得到的夸奖至少要真像是那么回事。

当事情变得很糟糕时，他也会真的很生气。有的孩子会以一种滑稽的方式来表达他的恼怒。他脸上绷出一副怒不可遏的样子，昂起下巴，弯起胳膊肘并握紧拳头。这种夸张的姿势在学校里常常会招致同学们的大笑。

❖ 时间观念增强

八岁孩子的时间感这时变得更强，他的快速行动能力也使得他能够更好地遵守时间。你现在不用再担心他上学迟到，只不过有些孩子仍然和以前一样，还不太会认表（译者注：这里的表是指老式指针表，而非现代数字表）。八岁少年也常常会弄丢、弄坏或者找不着自己的手表。尽管他可能还不太会认表，但是已经有了遵守时间的概念，经常会向他人询问是什么时候了。如果他明白不能按时赶回家的话，他已经知道要打电话跟家人说一声。

2. 给父母的提醒：顺应八岁孩子的特点

　　和孩子的任何年龄段一样，借助下面的和顺阶段与不和顺阶段图，以及内向阶段与外向阶段图，这会有助于父母了解自己的八岁孩子可能处于哪一个成长阶段。如图一所示，八岁孩子属于螺旋式成长图示中的和顺阶段这一侧。你可能感到奇怪，我们怎么把八岁孩子描述成了一个不太好相处的孩子。没错，有时候八岁孩子真的会让人感到很棘手，尤其是和妈妈在一起的时候。不过，因为孩子无限充沛的精力，再加上他喜欢戏剧性地夸大，八岁的少年其实往往很享受他的生活，哪怕在他不开心的时候也一样。虽然有些时候他会自己责怪自己，但是总的来说，他的自我感觉很好。

还有，根据图二所示，八岁孩子毫无疑问地属于螺旋式成长图示中的外向阶段这一侧。

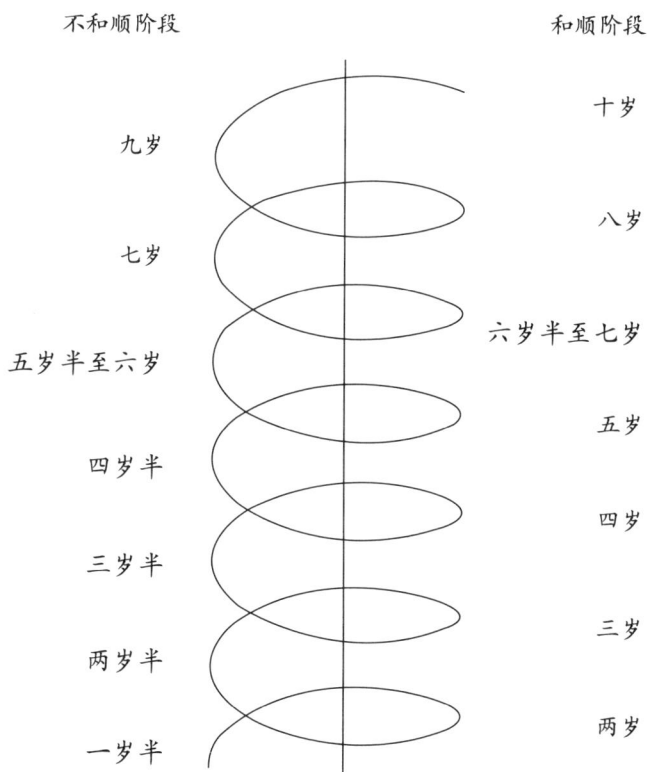

不和顺阶段　　　　　　　　　　　　　和顺阶段

九岁

十岁

七岁

八岁

五岁半至六岁

六岁半至七岁

四岁半

五岁

三岁半

四岁

两岁半

三岁

一岁半

两岁

图一　和顺阶段与不和顺阶段变换趋势

内向阶段　　　　　　　　　　　外向阶段

十岁

九岁　　　　　　　　　　　　　八岁

七岁　　　　　　　　　　　　　六岁

五岁　　　　　　　　　　　　　四岁

三岁半　　　　　　　　　　　　三岁

两岁半　　　　　　　　　　　　两岁

一岁半

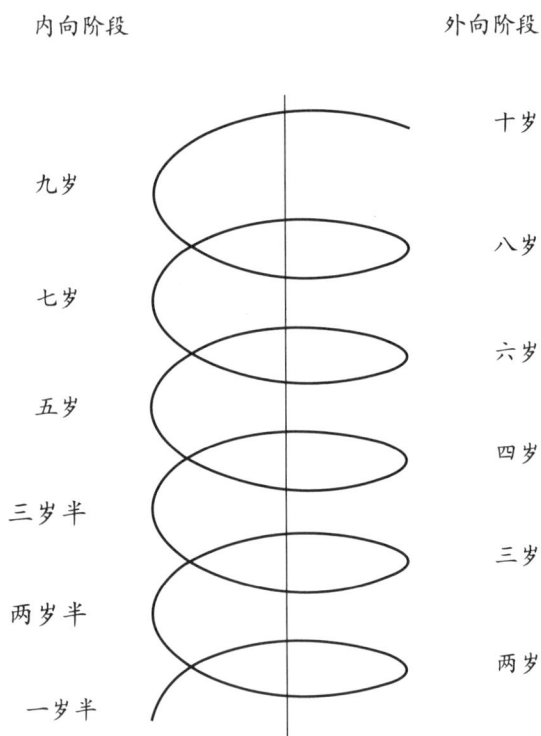

图二　内向阶段与外向阶段变换趋势

Chapter 2

既依赖他人，又相对独立——

八岁孩子的
人际交往

与八岁孩子相处，可有点让人伤脑筋。因为这时候的他对待不同的人会采取不同的"策略"。其中，八岁少年最依赖的是妈妈，若是爸爸、祖父、兄弟姐妹或是其他人，则因人而异。这跟他的成长环境有很大关系。这时候孩子的性格很可能会影响到他以后性格的形成。

1. 母子关系

❖ 格外依赖妈妈

比起其他年龄段的孩子，八岁少年与妈妈的关系显得更为复杂与微妙，也更为紧张。作为母亲，如果你希望在日常生活中能够与孩子和谐相处，或者孩子在需要你帮忙的时候能听得进你的指教，那么你就必须对这层母子关系有一个清醒的认识。

典型的八岁孩子和妈妈之间的关系，比在任何其他年龄段都更为"拎不清"。他相当依赖妈妈，不仅很在乎妈妈为他做了些什么，而且还很在乎她对他的想法。

八岁的孩子仿佛总觉得妈妈对他的关注不够。他总是缠着妈妈，时时刻刻在她身边转来转去。一位妈妈说："他老缠着我。"另一位妈妈干脆这么说："简直就像是我们俩在谈恋爱一样。"八岁孩子能很清楚地意识到妈妈每一个表情与语调的变化。有一些孩子甚至会在妈妈花时间对他人表示关注的时候显得相当嫉妒与不满。

六岁小孩想让他的妈妈做他想让她做的事。八岁少年则想让妈妈自己想到要去做他想让她做的事。

六岁的时候，妈妈只需要做做样子就可以了，比方说，妈妈可以假装她和女儿是两个相互通信的女士，她俩一边玩写信，妈妈一边可以真的写一封她正好需要写的信。但是对于八岁少年而言，这种表面上的假装配合已经不能让孩子感到满意了。

八岁少年和妈妈一起做游戏时，他会要求你不间断地跟他互动，完全彻底地关注他。这种互动不但指的是不间断的**对话**，而且还要有相应的**动作**。

八岁孩子要么喜欢幻想情景剧，要么喜欢棋盘游戏或者扑克牌，而且往往是没完没了地玩下去。这些游戏固然能令许多孩子乐此不疲，却也能令他的妈妈十分腻味。

已故的海姆·吉诺特博士有一次遇到一位妈妈跟他诉说

这种无休无止的游戏之苦："谁规定了妈妈就必须陪着孩子玩？"他回答这位倒霉的妈妈说，"很不幸，这是孩子成长的必经之路所规定了的。"

对于一个成长之中的孩子来说，妈妈的亲情和陪伴至关重要，包括了解孩子的想法与憧憬、跟孩子聊天、陪孩子玩耍。为了维持这种良好的母子关系，妈妈的确需要为孩子牺牲自己大量的时间和精力。

如果这时候的母子关系能够维持得好，那么等孩子长到九岁时，他就能慢慢地脱离对妈妈的依赖，转而去寻求与他人之间的良好关系。反之，如果母子关系不够好，则将导致孩子感情上严重的失落，从而为后来孩子不良的人际关系种下病根。

❖ 渴望妈妈的关注

由于八岁少年想要妈妈时时刻刻陪伴他，因此，我们建议妈妈最好能跟孩子规定一段一起玩耍的时间。而且在这段时间里，最好能全身心地关注孩子。妈妈可以跟孩子谈谈心，告诉他你很想多花时间陪他玩耍或聊天，但是由于还有许多别的事要做，所以只能花一部分时间陪他。然后告诉孩子你每天可以拿出半个小时（或者你能够挤得出来的时间），用来专门陪伴他。跟孩子说定以后，这一段时间一定要特意为孩子留出来，而且在这段时间之内妈妈一定要专心专意地陪伴你的儿子或女儿。

有一个孩子将家门前草地上的落叶都耙到一块儿。这时，妈妈提着刚买回来的东西，匆匆走过他面前进门而去，完全没有注意到他耙了树叶，也没有任何置评。这孩子顿时满脸的失落。只要有可能，请妈妈尽量满足孩子对你关注他的需求，这会帮助孩子顺利度过这一段对妈妈的依恋期，为孩子坦然走向九岁的独立打好基础。其实，八岁的孩子不但要求妈妈能按照他的心意满足他的需求，而且也会要求自己按照妈妈的心意满足妈妈。

❖ 对妈妈感情索取很多，妈妈应多多满足孩子

八岁孩子一方面对妈妈有很多要求，另一方面，他又比以前更加抵触妈妈。这使得八岁孩子与妈妈的亲子关系更为复杂。如果妈妈能顺着他的心意，他也往往能很好地顺从妈妈。他更愿意妈妈给他一个温和的暗示，而不是命令他。比方说，轻点一下头，或者眨眨眼睛。又比方说，你简单地说

一个字"手"，这会比你直接大白话要求他去洗手更为奏效。（这种交流方式可能会让孩子觉得你和他之间有一份特殊的秘密。）

如果你要求他做件什么事情，他常常会用这样的措辞来搪塞你："我现在很忙"，或者"好的，我过一会儿做"。对于这个年龄段的孩子，你最好还是多给他一些时间，因为你如果能留出一定的空间来让他自己去处理，他反而更愿意听从你的要求。和七岁的时候比起来，八岁孩子已经不是那么健忘了。

八岁孩子经常会问你："啊？什么？"哪怕他明明在你说话的时候看着你，而且显然听到了你的话，可他还是往往要问："你说什么？"这是因为他的注意力转移得太快了，以至于他都忘了你正在说什么。

尽管八岁孩子非常爱他的妈妈，而且常常很不避讳地流露出对妈妈的爱恋，但是当他愤怒的时候，他也会咬牙切齿地对她说些狠话，比如说"你是个讨厌鬼"。他对别人犯的错误十分敏感，尤其是妈妈的错误，而且会毫不客气地对她指出来。同样，八岁孩子对自己的缺点也很敏感，一旦他做砸了什么事情，或者妈妈稍微批评了他一下，他可能立即跟你抗辩："你也来跟我作对。"

请你一定要记住，八岁孩子与妈妈的紧密关系，虽有坏的一面，但也有好的一面。由于八岁孩子非常黏妈妈，渴望妈妈的关注，因此妈妈可以很好地利用这一点来进行一些有意义的教育活动。

明智的妈妈不妨建议孩子跟你一起读书，或者一起做作业，来作为亲子时光的有趣节目。八岁孩子不太容易自发地去做什么事情，不过一旦他开始做起来了，那么你需要给他一些自由发挥的余地来做他的事情。（但同时，他也希望妈妈能一直陪在他身边。）有时候，他可能很快就厌倦了自己正在做的事情，需要妈妈来鼓励和帮助他坚持做下去，直到结束。

如果妈妈在陪孩子一起做事情时（比如做家庭作业），孩子的疲倦导致他发起脾气来，那么这时最好能让孩子停下来，或者至少让他稍微休息一下。

哪怕孩子只是取得了一点点成绩，妈妈也应该毫不吝惜对他的夸奖。不过，八岁孩子已经能对自己的表现做出自己的评价，因此妈妈的夸奖要讲究合情合理。正如第一章所述，这个年龄段的孩子非常渴望得到夸奖。假如他在画画，他可能会说："画得很糟，对吗？"其实，他是希望妈妈真能从他的画中找到一些亮点来夸赞他。

2. 父子关系

❖ 对爸爸尊敬而非依赖

八岁孩子的父子关系，一般来说没有母子关系那么紧张，而是要轻松得多。他会很享受与爸爸在一起的时光，却并不需要爸爸像妈妈那样时时刻刻关注他。他也不要求爸爸像妈妈那样必须按照他的心意来说话和看待他。不仅如此，他还愿意允许爸爸时不时犯些错误，对爸爸的要求也不太高。在他心目中，爸爸往往比妈妈好。不过，虽然如此，他却不太会像对妈妈那般表达对爸爸的强烈感情。

他显然很尊重爸爸的威信，更有意愿不加争辩地接受他的命令。不过背着爸爸，他也可能嘟囔几句。对于八岁孩子来说，妈妈虽然是他的中心，而他却可能更崇拜爸爸。

由于八岁孩子和爸爸之间的关系不像他和妈妈之间那般重重纠葛，所以，有些孩子最快乐的时光竟是父子俩的亲子时光，这是因为父子间一般都不会太过感情用事。故而一旦孩子和妈妈之间出现了僵局，爸爸这时介入往往能迅速化解争端。

然而，父子关系也并不总是那么风和日丽，因为爸爸通常都会比妈妈更反感孩子的一些幼稚行为，比如吵闹、粗野、草率、不修边幅、吃饭时不讲究仪态、喜欢做白日梦、凡事都要来点戏剧化的夸张……

七岁的时候，孩子会让自己相信家里人人关系和睦，哪怕相反的事实明明摆在眼前。然而，八岁的他却不再这样。如果父母之间看来有些矛盾，他会为此感到担心；可是相反，如果父母之间亲亲热热，他又会吃醋。（要想满足八岁孩子的心意，可真不容易！）

❖ 以爸爸作为榜样

家庭在八岁孩子心目中占有重要地位。他开始密切关注家里发生的事情，包括关注成年人之间的电话、书信、对话等。他试图找到他在成年人世界里的位置，特别是在爸爸妈妈眼中的位置。这可不是件容易做到的事情。七岁的时候孩子看来一直忙于建立家庭的概念，而到了八岁，他则试图要这个家庭和睦快乐。这对一个少年来说有时候实在太难了。

八岁孩子对爸爸妈妈的态度也很是敏感，包括爸爸妈妈对他的态度，以及对其他事情的态度，特别是对种族、信仰和异性的态度。他能观察到的一切往往比我们想象的要更多。

3. 兄弟姐妹关系

❖ 争吵源于嫉妒

八岁孩子和兄弟姐妹之间的关系比过去更为复杂，其原因之一就在于他和妈妈之间的关系纠葛。妈妈将时间和注意力放在他的兄弟姐妹身上，这可能会让他感到嫉妒。更何况这个年纪的孩子对别人对他哪怕最轻微的，甚至是他假想的轻视与忽视都会很敏感。

因此，八岁孩子的天性使得他很难与兄弟姐妹友好相处，哪怕他其实愿意大家能和睦友好。他会嘲笑他们，会只顾自己而不在乎他们，甚至会跟他们无谓争吵。由于八岁孩子天性开朗，若要让他别去跟周围的人掺和、纠结，还真不容易；再加上别人的言谈举止若要满足他的要求也真不容易，因此，很多摩擦也就随之而来。

八岁的孩子凡事都要来点戏剧化的夸张。因此一旦他与兄弟姐妹有了争吵，他去找父母告状的时候，往往会狠狠地添油加醋一番。

他喜欢与别人争论并且喜欢挑别人的毛病，这自然令他的兄长十分不屑。而且，他也不喜欢弟弟妹妹做他的拖油瓶，正如他的兄长也同样不喜欢他的追随一样。

不过，手足关系中的某些方面八岁孩子的确有了一些进步，比如他现在能比较"输得起"地参与竞争性游戏，不再会打滚耍赖。但是，因为他总是要伸出他的触角以探明别人是不是公平，他又往往真就觉得他的兄弟姐妹在做游戏时占了他的便宜。典型的八岁孩子不但想要拥有对方所有的能耐（哪怕是比他大了好几岁的哥哥姐姐），而且最担心的就是对方朝他使出他还没有的能耐来。

❖ 对待兄弟姐妹的态度取决于对方年龄

跟孩子在其他年龄段一样，八岁孩子与兄弟姐妹的关系，很大程度上取决于对方的年龄大小。对五岁以及更小的弟弟妹妹，他会很有耐心、很是宽容。然而，要他照看小弟弟小妹妹时，他又往往对小家伙要求过于苛刻。不过，如果你提前跟他说好该怎样照顾小孩子，他也会做得很好。当然，事后他会希望听到有人称赞他做得多么好。

可是，八岁孩子跟他年龄相近（尤其是相差两岁以内）的兄弟姐妹之间往往有很多冲突。他很善于打压比他稍小的弟弟妹妹，不但不再继续像他七岁的时候那样扮演"老大哥"的形象，相反他常常故意招惹他们，还跟他们打架。

按照惯例来说，八岁孩子与十一岁的孩子不会相处得好，因为十一岁这个年龄段的孩子跟谁都过不去。八岁的他也可能与十二岁的孩子相处不好，尽管十二岁是对兄弟姐妹最好的年龄段。

然而，如果哥哥姐姐是十二岁以上的大孩子，那么八岁孩子则往往能跟他们和睦相处，因为通常来说大哥哥大姐姐要么比较有耐心，要么不怎么搭理小家伙。

有趣而且意料之中的是，八岁孩子要是受挫了，他常常会回家拿弟弟妹妹撒气。一位妈妈问她的儿子："你明明是在生我的气，为什么要去打你妹妹？"

4. 与祖父母的关系

与独住或大家庭同住有很大关系，八岁孩子与祖父母的关系取决于祖父母是否和他们生活在一起。过去祖孙三代常常一大家子住到一起，而今祖父母则往往独门独户自己住。如果一个八岁孩子和祖父母生活在一起，他很可能会对祖母粗鲁而蛮横，不过对祖父倒是要好一些。

对祖父母的不同"待遇"，有可能跟祖父通常不太陷于家庭纠葛之中有关，而祖母往往会身陷其中。如果祖孙三代住在一起，那么祖母最好能明智地把自己跟孙儿之间的关系限定在一定的范围之内，比方说，陪孩子玩游戏，给孩子读书。而祖母最不该插手的地方，是孩子的父母教训八岁孩子。这时候她插手，不论是谁都会觉得很不舒服，而且都有可能说话很冲。

然而，如果大家不住在一起，双方只不过是偶尔相互探访，那么祖孙之间的关系通常都会相当愉快。八岁孩子乍一看到他亲爱的祖父母时，眼睛里依然会闪烁出他小时候那种喜悦的光芒。

❖ 祖孙关系更融洽

这时候的祖孙时光，常常充满了快乐，祖孙两代都很享受这一时刻。许多八岁孩子都认为他可以向祖父母吐露真言，包括他自己干过的坏事，以及他心里的苦恼，因为他通常相信祖父母能够理解他、同情他，而且不会惩罚他。祖父母能够给予他的相对来说更为无私的爱，往往使得孩子对祖父母心生感激。

和孩子的父母比起来，祖父母往往能够花更多的时间，更投入地陪孩子游戏，做他喜欢的事情。一个八岁孩子就曾对我们说："我喜欢我的祖父母，因为他们给我买礼物、陪我玩，而且还带我出去逛。"

这个年龄段的小女孩在讲到祖母的时候，会描述祖母的头发长啥样，或者说祖母很"和善"。讲到祖父的时候，她也会描述祖父的头发，还会描述他做的一些事情，比如说："他经常看报纸和电视。"而男孩则会形容祖母的头发、年龄、是否戴眼镜。在描述祖父时，会说到他的年龄、头发、职业，也会说他"和善"或是"有趣"。

5. 家庭关系

　　每个孩子的行为都会受到他的个性、发展阶段和成长环境的影响，因此这里很有必要讲述一下影响孩子成长的一个重要因素——他的家庭环境。

❖ 独子和多个孩子的家庭关系很不一样

　　首先，一个家庭里有多少孩子，这对孩子在各个阶段的行为成长无疑有着深厚的影响。当家里只有一个孩子时，他每一个阶段的成长都会给爸爸妈妈留下深刻的印象，包括他何时会爬、何时开口说第一句话、何时开始走路……所有这些成长，父母都会倾情关注，而且满心喜悦。然而当家里的第二个或者第三个孩子开始爬、开始说话和走路时，爸爸妈妈就不再像以前那般激动，而是把这一切都当作理所当然的事情了。

同样，第一个孩子在成长历程中每个阶段的不同行为表现，也都会令父母或喜或忧。两岁半孩子的"不"字当先，三岁半孩子的缺乏安全感，四岁孩子的不遵规守矩，六岁孩子的"要逼我，你试试看！"和"我恨你"的叛逆，七岁孩子的内向与退缩，八岁孩子的向外拓展、风风火火以及他评估与判断的能力，都能狠狠冲击父母的心。孩子的这些行为很可能会深深地牵动整个家庭，让父母感到十分焦虑，不知道自己的孩子为何会有如此表现。

等他们的第二个、第三个或是第四个孩子也都表现出相同行为时，父母则已经习以为常。更何况如果家里有好多个孩子的话，爸爸妈妈通常没有足够的时间、空间以及感情精力，用来关注每个孩子在每个成长阶段的行为，除非哪个孩子有特别的极端表现。孩子自然会走过一个个的成长阶段，如果孩子耍出多少鬼花招都得不到父母最起码的关注的话，那么哪怕最渴望父母关注的孩子也都只好作罢。

❖ 家庭结构不同对孩子感情诉求的影响

不仅每个家庭孩子的数量有所不同，现在每个家庭的家庭结构也各有不同。根据 1983 年 8 月 15 日出版的《今日行为》一书，在 1970 年，有 85% 的孩子生活在完整的双亲家庭里，到了 1980 年这个比例已经下降到 75%；在不同种族里，这个数据也有很大的不同。根据《今日行为》1980 年的统计数据，只有 80% 的白人孩子和仅仅 47% 的黑人孩子生活在双亲家庭里，最新的数据则更加使人感到失望。

在单亲家庭或者再婚家庭里成长的孩子，固然可能会战胜感情挫折而成长得不错，但是，他们却不可能奢望他每个阶段的成长都能得到父母的关注与尊重。因此，一个由单亲妈妈抚养长大的八岁孩子，可能会比生活在双亲家庭里的同龄孩子对妈妈有更强烈的感情索求。

而单亲妈妈对于孩子这种过分情感索求的回应，也是各不相同。如果一个单亲妈妈为了养家糊口而挣扎得十分艰辛，那么她能够给予孩子的情感满足肯定比有个爸爸在家要低很多。但是反过来，如果经济压力没有那么大，而且也有时间，那么她能够给予孩子的感情满足则可能比双亲家庭还要充分。

如果是单亲爸爸抚养孩子，那么孩子对妈妈的所有情感需求很可能都会转移到爸爸身上。

如果是再婚家庭，孩子的成长环境很有可能会跟生活在有众多兄弟姐妹的大家庭相似。要应对自己的亲生孩子在成长过程中的行为问题，这已经是一件不容易的事情了；应对再婚后对方带来的孩子，那就更是一件不容易的事情了。因此，在一个大家庭里，或者是再婚家庭里，即使是孩子的一些相当重大的行为模式的改变，也有可能没有被父母留意，甚至完全被漠视。

故此，在一个中等规模、生活比较富裕，而且是亲生父母的双亲家庭里，八岁孩子那似乎永远也无法满足的情感需求，会得到最为充分的满足。不论妈妈需要出去上班，还是全时在家照顾，都会是这样的情形。反之，如果一个家庭每天都在为生计而发愁，那么对孩子情感需求的必不可少的满足，就成了很次要的事情了。

6. 孩子也在审视和评价我们

　　有一次，我们问一位八岁的孩子："你认为成年人喜欢孩子吗？"

　　他回答："我并不这么认为。"

　　我们坚称："你妈妈肯定喜欢你。"

　　"对，"他点头同意，"妈妈喜欢我，但是我不知道爸爸喜不喜欢我。"

　　我们继续坚持："你爸爸肯定也喜欢你。"

　　"呃，可能吧。他挺能帮上忙，而且当然是他在上班，挣钱养活我们。"

　　这一连串的应答看来效果不错，我们接着往下提问："那么你觉得爷爷奶奶喜欢你吗？"

"噢，我知道他们喜欢我们，因为他们经常给我们买礼物。"

"那你的太奶奶呢？"

"呃，她讨厌小孩。"他回答，"她说小孩太吵闹了、太烦人了，而且还老弄坏东西。"

针对喜不喜欢孩子这一问题，我们成年人大多数其实都有自己的想法；而我们希望，我们大多数人都能真正喜欢孩子。也许你有可能跟我们一样，也对探寻你自己的孩子对你、对其他长辈的看法感兴趣，那不妨去试试看。

7. 和朋友的关系

❖ 主动建立良好关系

开朗而外向的八岁孩子，不难有成群的朋友，而且对维护友谊也充满热情。典型的七岁主基调是孩子很关心他自己，也担心别人会怎么对待他。八岁则显然有了成长，他不但对别人会怎么对待他很感兴趣，而且干脆跨出一步融入了跟别人的人际交往之中。他不但有了这种能力，也有了这份心态，去跟别人建立起良好的双向友情。他不仅仅关注别人做些什么，而且还关注别人想些什么。和七岁的时候相比，他肯为别人付出的更多，不过，他同样希望别人也能回报他更多。他不再像以前那样喜欢搬弄是非，因为八岁孩子愿意自己跟朋友之间的关系能够维系得更好。

❖ 有了最亲密的伙伴

在这个年龄段里，不少男孩或女孩都有了自己"最要好"的朋友，假如之前还没有的话，那么现在应该有了。朋友之间的关系不但很密切，而且相互的感情索求也很多，因此免不了出现争执、纠纷和"很生气"的时候。在八岁孩子眼里，朋友间友谊的深厚程度变得十分重要，而不单单是在一起玩些什么。八岁孩子与朋友之间相处呈现出更多的和谐，更愿意相互合作、相互顺从对方的要求。八岁孩子不但很想让自己活得快乐，也很想让他的朋友活得快乐。

尽管八岁孩子与朋友之间的关系不乏复杂与紧张，但总的趋势是他们能够在一起融洽玩耍的时间变得越来越长，只是间或有少许争执。然而，如果是任何没有成年人关照的孩子间的玩耍，却有可能到了最后因为意见无法统一而不欢而散，至少也是其中一个人负气而去。

❖ 八岁孩子眼中的"敌人"

虽然"友谊"现在已经成了一个孩子非常看重的观念，但是"敌人"却也是他的常用词，而且在这个年龄段里，越是被人众星拱月的孩子，往往越是会去欺负某个"丑小鸭"。

八岁孩子很少再愿意和不同性别的孩子一起玩。跟他最能玩得到一块的，往往是跟他同性别的孩子，也往往是跟他差不多年龄的孩子。当然也有些八岁孩子会跟比他大好几岁的孩子玩得很好，比方说他往往有可能崇拜十二岁以上的孩子，而这个十二岁以上的大孩子也往往会保护自己的崇拜者不受别人欺负和打压。另外，以前很不善于跟别人交往的孩子，现在也有可能格外主动去找人交朋友了。

八岁孩子特别喜欢和街坊里的一大群孩子在一起玩，尤其是一起玩球等体能类的活动。"孩子王"这时渐渐崭露头角，而且也渐渐开始有了"私人"小帮派的雏形，只是大多数孩子对于小团伙的兴趣都还十分粗浅。

❖ 需要父母特别注意的情况

不过，针对孩子与朋友之间的关系，我们在此重申，请父母一定要牢牢记住，在某些方面，孩子独特的个性可能会盖过这个年龄的常规特点。虽然有些八岁孩子身边从不缺朋友，电话响个不停，家里总是高朋满座，要么就是他老也不在家，找朋友玩去了……但是，和这完全相反，也有些八岁孩子很不容易交到一个朋友，而且一旦这唯一的朋友搬走了，他可能很长一段时间都找不到任何一个人来取代那个朋友的位置。

不幸的是，孩子能不能找到朋友，父母很难帮得上忙，可是做父母的偏又往往太过于为此而犯愁。事实上，孩子对自己没有朋友的愁苦，很可能远没有父母对这件事情的愁苦更甚。孩子对朋友的需要并非人人都一样，父母大可不必为此太操心。

那些被我们称之为长形孩子的沉静而又羞怯的人，往往在他一生之中都不可能变成一个众星拱月的中心人物。这种孩子更可能独处时最为自在，他会喜欢独自阅读、看电视、学习、做科学实验、上网或者与宠物逗玩等。他往往不愿意放下这一切去找别人玩，最多也就只需要一个最好的朋友而已。（译者注：有关长形孩子、方形孩子、圆形孩子的详细讲解，请参照这套书的《你的7岁孩子》第9章。）

而更加活跃而健壮的方形孩子，凭着他天生外向的性格和充沛的精力，往往是一个很有人气的孩子，而且往往是个孩子头，其他孩子都喜欢追随他、跟从他。这种方形孩子也往往有很好的体育天赋，从而在体育竞技方面备受敬仰。这样的孩子从来不缺朋友，不过，虽然他的朋友人数众多，但是友情却不见得个个都很深厚。

还有肉乎乎的、和善的圆形孩子，他也不会缺朋友。他真诚地喜欢别人，喜欢身边总有别人的陪伴，同时别人也往往愿意跟他在一起。和这样的圆形孩子相处总让人感到十分惬意，因为通常他更在意的不是当孩子王，也不会要大家都顺从他的心意，他只愿意大家都喜欢他就好。

其实父母在孩子交往方面也的确能帮上一些忙，哪怕是善于交往的八岁孩子可能也需要帮忙。虽然父母肯定做不到替孩子交朋友，没办法强迫其他孩子陪自家孩子玩，不过，你却可以邀请其他孩子加入你们全家远足等活动，或者是送自己的孩子去参加一些有组织的少儿俱乐部，例如男孩童子军以及女孩童子军等。有些孩子虽然在自由玩耍中不见得能和别人玩到一块去，但是，在有成年人督导的少儿俱乐部活动中却能够玩得不亦乐乎。

3
Chapter

自主性增强——
八岁孩子的日常作息与紧张宣泄

八岁的孩子在饮食、睡眠、着装、洗浴和控制情绪上都上了一个台阶。有些父母已经不用再为孩子不吃饭而担心；八岁的他在睡前也基本能料理得当；宣泄紧张情绪的方式也让我们可以理解。不过，虽然你的八岁孩子一切都慢慢趋于正常，但仍有个别情况需要你更加细心地关注和照顾。

1. 饮食：胃口极好，
　 但要注重食品选择

　　原来一直为孩子"什么都不肯吃"而发愁的家长们，现在应该觉得轻松多了，因为八岁孩子的胃口通常都会有所增加。可以说大部分的八岁孩子都有很不错的食欲。那些本来就食欲很好的孩子现在常常嚷着肚子饿，正如一位妈妈所说："他像一头小猪一样，特能吃，狠狠地往嘴里扒。"即使是以前最没有胃口、最对吃饭不感兴趣的孩子，现在也有了改善。

　　绝大多数八岁孩子不仅吃得多而且吃得也快，有些甚至吃一顿饭要添三次。对这种孩子，父母要有意限制，注意不要让孩子在八岁期间体重增加过多。

❖ 食量大增

八岁孩子愿意接纳的食品种类也比以前有所增加。六岁的时候，孩子会又想要巧克力冰激凌，又想要香草冰激凌，主意变来变去就是没法决定；七岁的时候，他总是吃他更为偏爱的那一种口味的冰激凌；而今到了八岁，他则不论哪种冰激凌都愿意吃，而且还可能会把好几种味道混在一起吃。

但是，八岁孩子也还是有不喜欢吃的东西。比方说他会叹息："为什么他们偏要将那么恶心的奶油涂到这么好吃的火腿上呢？"孩子对于食物的喜好可能会受到气味的影响，花生酱的味道既有可能让这个孩子讨厌至极，也有可能令那个孩子喜欢至极。他这种凭气味来决定要不要吃某些食物的行为，有时候会使父母感到十分恼怒。我们认识这么一对母子，有一次，儿子又把鼻子戳到盘子里闻闻东西好不好吃，结果妈妈一气之下把孩子的脸全给按到了盘子上。我们当然不鼓励妈妈这么做，但是我们却很能理解妈妈当时那股子冲动！

❖ **要特别注意导致孩子过敏的食物**

绝大多数八岁孩子几乎什么都愿意去尝一尝，但是，不少孩子却不喜欢吃肉上的肥膘。爸爸妈妈不应该强迫孩子吃他不喜欢吃的食物，因为他很有可能对那种食物过敏。（可是另一方面，也有些孩子可能偏偏喜欢那些会害他过敏得很厉害的食物。如今父母已经比过去对可能导致孩子过敏的食物有了更高的警觉，许多家长已经明白一些不健康的食物不仅可能会伤害到孩子的身体健康，而且还可能对孩子的行为产生不良影响。）（译者注：《你的4岁孩子》第6章有比较详细的介绍。）

❖ 用餐技巧熟练

八岁孩子使用餐具的技巧已经相当不错，虽然有的孩子还是弄不清楚到底该哪只手拿叉子哪只手拿勺子，以至于该用勺子舀的时候变成了用叉子戳。直接用手抓东西吃的做法比过去有所减少，一部分八岁孩子（并非所有孩子）已经学会用餐刀切肉吃了。

❖ 用餐礼仪有待提高

用餐时的仪态，八岁孩子也比以前讲究多了，只不过在外面吃饭跟在家里吃饭相比那肯定是两个极端。如果爸爸妈妈对孩子在家用餐时的仪态实在觉得不满意，你不妨带他去餐厅，或者邀请朋友来家用餐，那么孩子可能因此大有改善。

在家里吃饭的时候，太多的八岁孩子都不怎么讲究仪态，他既可能狼吞虎咽、一点吃相都没有，也可能把食物撒得到处都是，还可能嘴里塞得满满的却还要说话……至于说玩弄餐具、玩餐碟里的东西、站起来拿桌子对面的食物等，就更不在话下。其实八岁的孩子已经知道什么是良好的餐桌礼仪，而且他还会偷偷拿眼睛瞟爸爸一眼，看看他知不知道自己在干什么坏事，可是，真要让他把应有的好仪态做出来，那却又太难为他了。他吃饭时太能聊天、太能争吵，而且还要不时打断成年人的对话。

跟孩子一起吃饭本来就不容易，而八岁孩子风风火火的吃法就更让人头疼了：大家都还在吃正餐，他早已经迫不及待等着上最后一道甜点了。如果远还没有到吃甜点的时候，你最好让孩子先离开饭桌，等到了该上甜点的时候再让他回到饭桌上来。否则的话，他很有可能会惹是生非，特别是有好几个孩子在一起的时候。

❖ 个体差异

有一点对任何父母来说都非常重要，那就是一定要明白，对食物的好恶，不同孩子之间的个体差异往往是天壤之别，因此，孩子到底能吃多少，能吃得多"好"，父母很需要调整自己的期望值。有些孩子，比方说肉乎乎的圆形孩子，特别爱吃，他活着就是为了吃，一天到晚都想吃，永远没个饱，即使不是吃饭的时候，他的嘴也总不停歇，不是口香糖就是棒棒糖。如果是这类孩子，父母从来不觉得不好喂养，你完全不用担心怎么才能让他多吃饭，反倒是需要担心该怎么限制孩子的食量。这样的孩子往往有过于超重的问题，因此父母要有意限制孩子的饮食。

和圆形孩子完全相反的极端，是瘦削的长形孩子。这样的孩子，虽然瘦（仍然在正常范围内），但偏偏是个对吃最不感兴趣的人。这类孩子的父母往往很不必要地愁得要命，总担心孩子吃的那点东西够不够他活下去。但是，针对这样的孩子来说，事实却是他不但对食物真不感兴趣，而且也真不怎么需要。只要孩子看起来不是病病恹恹，而且儿科医生也认为你不需要担心孩子的饮食，那么父母最好不要成天叨叨着要孩子吃东西。

❖ 关注饮食质量，预防过敏反应

父母应该尽量别去关注孩子能吃多少量进去，但是，孩子饮食的质量却一定要关注。在饮食方面的另一个很重要的个体差异，是有些食物有的孩子可以吃，有的孩子则受不了。大多数父母都会注意给孩子提供有营养的食物，合理喂养孩子。可是，过去数年来，所谓的合理喂养无非是每个孩子天天都要吃的 4 种基本食物组成：水果和蔬菜、碳水化合物、蛋白质和乳类产品。

然而到如今，不仅仅是儿科医生，父母也对营养学比以前有了更多的了解，越来越明白不少孩子会对某些食物相当过敏。几乎所有人都知道，如果某种食物、饮料甚至药物，会导致孩子打喷嚏、气紧、呼吸困难，甚至当场晕倒，那一定是对孩子很不好的东西。但是，最近人们才又注意到了另一个问题（而且直到如今也不是每一个人都能认同的问题），那就是有些令孩子过敏的食物，也能导致孩子的行为出现问题。

许多孩子其实接受不了某些很常规的食物，例如牛奶、柑橘、奶酪、巧克力、面粉制品，以及最少不了的东西——糖分，吃这些东西有可能会使对其过敏的孩子感到身体不舒服。更微妙而且更糟糕的是，这些食物也会导致孩子的行为出现问题。尽管不是每个人都能接受这一观点，但是现在大多数人已经明白，有些令孩子过敏的食物可能导致孩子过度亢奋、学不进去，以及出现其他一些不良行为。

❖ 不可缺少的增补剂

虽然有的食物某些孩子会因为过敏而接受不了，可是也有些食物或者营养增补剂（维生素、微量矿物质，以及其他微量物质）则是为保障孩子身体健康所需要补充的。如何恰到好处地把握孩子的营养平衡，也就是如何避开有害食物，增补有益食物，这是一件很需要动脑筋的事情。这并不容易做得到，但是，我们仍然有不少家长在医生的指导下，在自己的努力尝试之下，做到了这一点。而他们得到的回报，是发现孩子整体上来说不但不良行为大大减少，而且孩子本身也变得更健康、更快乐。

2. 睡眠：独立上床，却也依赖家长

❖ 就寝时间趋于稳定

八岁孩子的就寝时间比之前晚多了。大多数都在晚上八九点之间开始准备就寝。而且大多数需要半个小时或更久才能最终安静下来，准备入睡。不论爸爸妈妈规定了应该几点钟上床睡觉，大部分孩子到了时候都不会愿意乖乖去睡觉，往往会跟你讨价还价，要求"玩完这一局"或者"读完这一章"。

这种情况下，父母需要在合理范围内的坚持。比如有的妈妈会答应孩子，在什么时间之内收拾干净进入被窝之后，她可以容许孩子看一段他喜欢的电视节目。

❖ 睡前准备得当

大多数八岁孩子能够自己收拾好一切上床睡觉，但是仍然希望妈妈来帮他掖掖被窝，温存一下。有些喜欢再读点书，有些仅仅需要和父母说声"晚安"，还有些则喜欢这时和父母聊聊天。（有些非常独立的孩子已经能够自己完成脱衣服、洗澡、打开窗户、关灯和上床睡觉的整套程序，而不需要妈妈来道晚安时帮任何忙。但只有极少数孩子能做到这种程度。）

关灯之后，有的孩子可以很快入睡，有的则需要半小时或更长时间才能入睡。通常来说，八岁孩子的睡眠不错，是个挺能睡的"小睡猫"，正如他这时候也是个挺能吃的"小吃客"一样。大部分孩子可能会做梦，不过这个年龄的孩子已经很少做噩梦了。极少数还会需要半夜起来上厕所，不过如果需要的话，他已经完全可以自己照顾自己。

八岁孩子的睡眠时间大概每天需要十个小时左右，大多数在第二天早上七点至七点半醒来。

❖ 睡眠时间

不同成年人所需要的睡眠时间有相当大的个体差异。不同孩子需要的睡眠时间，虽然没有成年人相差那么大，却也相当不同。针对孩子需要多少睡眠时间这一点，请父母一定要记住，虽然我们有个"平均"的时间值，但是，没有哪一个孩子会是一个"平均"的孩子。以成年人来说，有的人每天只需夜间五个小时的睡眠就已经足够，可也有的人需要八个小时甚至九个小时才能睡得足。同样，有些孩子从三四岁起需要的睡眠时间就已经相当少，常常早晨五六点就醒来，要爸爸妈妈照顾他，这每每让父母苦不堪言。现在到了八岁，这些"早起的鸟儿"往往已经可以在醒来后自己忙自己的，不再会去打扰父母睡觉。

❖ 入睡速度

在入睡速度上，不同的孩子之间也存在很大差异。有些孩子头一挨到枕头就能睡着，比如说像那些健壮的方形孩子。肉乎乎的圆形孩子也能很快入睡，他往往特别喜欢蜷着身子躺在他的被窝里，不需多久就能睡着。

然而，长形孩子，也就是那些长得比较瘦削的孩子，入睡则常常十分困难。这些孩子似乎特别抵触任何变换与转换，因此，从晚上由醒着转换到睡着、到早上由睡着转换到醒来，对他们来说都很不容易。他往往要在床上躺一个小时甚至更久才能入睡。孩子自己对此也很苦恼。有些孩子会读读书（不论父母是否同意），有的则会听听收音机，以打发这段睡不着的时光。

　　到了早上，这样的孩子往往需要父母提前唤醒他，因为他需要多晕乎一会儿才能起来应付早晨该做的事情。他做不到像长得比他更壮实的兄弟姐妹那样，可以立即就完全清醒过来，蹭地跳下床。

3. 洗澡和穿衣：独自打理而往往忽略细节

❖ 自己洗澡，细微之处打理不干净

不同的八岁孩子，洗澡习惯也有很大不同。一部分孩子比起七岁时又有了进步，变得更加独立。另一部分孩子则因为他十分想要妈妈时时守在身边，所以反倒还不如七岁的时候，现在要依赖妈妈更多的帮助。

一开始的时候，不少孩子可能会不愿意洗澡，因为他还忙着别的事情。但是一旦开始洗，大多数孩子其实都很享受洗澡。他们喜欢泡在温水里的感觉，喜欢浸在浴缸里滑来滑去，如果是一个男孩子，那么他这时可能把自己想象成一艘潜水艇。孩子往往不肯每天洗澡，因此父母可以放宽要求，让孩子一周洗两到三次也就可以了。

在洗澡时，他一般不会太在意自己的脖子、耳朵或者后背，因为他看不到这些地方。有的孩子已经会自己用洗发水洗头，甚至自己用指甲剪给自己剪指甲。把指甲剪得短短的，是保持干净的最好方式。

❖ 洗手态度不积极

很少有八岁孩子会主动在饭前洗手，而且那些少数愿意去洗手的孩子多半是女孩。他们大部分都还需要爸爸妈妈的提醒，好在一般来说他们稍微抗拒一下之后也还是会去洗手。许多孩子都是略微用水冲一下就算数，手上的脏东西大多数都擦到了毛巾上。

❖ 穿衣自主，却不认真

不消说，八岁孩子已经能够自己穿衣服，而且大部分都能很快穿好，没多少胡折腾，也很少再像七岁时那般穿到一半就被别的事情吸引了注意力。不过，父母仍需要在旁边稍微监督一下，因为他有可能穿得十分马虎，例如，衬衣没有掖到裤子里扎好、纽扣也不扣好，甚至拉链都懒得拉上。

❖ 自主挑选衣服

大多数八岁孩子现在喜欢由自己来决定穿什么衣服，而且多多少少能够根据季节、天气和场合的变化来挑选。不过，有少数孩子假如你完全不去管他，那么他很可能要么忘了穿内衣，要么穿了两只不同颜色的袜子。当然，大多数孩子都能够自己穿戴整齐。八岁孩子不再愿意妈妈事先替他把衣服拿出来摆好，而喜欢自己做主挑选衣服。

女孩子现在一般来说比男孩子要爱惜衣服一些，而且一旦衣服有了破洞，她往往会赶紧跟妈妈说。而男孩子则不太在意，除非破洞让他感觉不舒服了，才会对妈妈说。

❖ 主动收拾衣服

晚上睡觉时，不少孩子要么随便往哪里一站，衣服就地脱在那里再也不管，要么就是捡起来随手一扔。只不过，扔的时候，越来越多的孩子会有意把衣服扔到某张椅子上，甚至还会有极少数的孩子把衣服**放在**椅子上。然而，即使是那些晚上睡觉时能够把衣服好好放到椅子上的孩子，白天放学回来也不会自己把外套挂起来。至于需要换洗的脏衣服，许多孩子都已经知道自己放到洗衣篮里，至少在妈妈提醒他的时候，他愿意听。

❖ 关注衣服款式和品牌

大多数八岁孩子开始对衣服的颜色、款式甚至品牌感兴趣。如果妈妈给他们买了一些不够时尚或者牌子不大的衣服，他们可能会抗议道："我要李维斯！"款式和颜色固然重要，但是最重要的是别的孩子都穿了什么。

4. 健康和身体疾病：身体强壮，一旦生病，恢复得也快

❖ 患病减少

八岁孩子上学的出勤率提高了，这一方面反映了他变得更喜欢上学了，另一方面也反映了他的健康状况有所改善。如果八岁孩子感冒了，通常不用两天时间就能康复。即使体温似乎高得蛮吓人，但孩子恢复起来很快，有时候可能仅仅会有点嗓子疼，但并不会继续恶化。可是，在这个年龄段，七岁时相当少见的猩红热和哮喘又会出现，中耳炎的患病率也会有所增加。不过，肠胃性疾病和传染性疾病的感染率都

比七岁时减少，一旦染病也往往能很快恢复。

八岁孩子的体力也比七岁强壮了很多，不再那么容易疲惫。然而，如果孩子因为什么事情感到气恼，他的胃疼现象可能再次出现，太激动了还会头疼。事实上，如果孩子被迫去完成一件他不愿意做的事情时，往往可能感到头疼、胃不舒服，或者想上厕所。跟七岁孩子一样，八岁孩子也常常会抱怨眼睛不舒服。

❖ 应对意外

八岁孩子比较容易受到意外伤害。事实上，意外事故是导致这个年龄段孩子死亡的一个重要原因。主要的意外伤害有车祸、从高处摔落和溺水。和四岁孩子一样，八岁孩子也总是喜欢逾矩。他的手脚总不肯闲着，随时随地都能投入到某项活动之中去。他不再像七岁时那么谨慎，而且会把自己想象得更能耐。比如他很喜欢在大马路上骑自行车而不愿意下来，这很容易被过往的车辆撞上。孩子自己不知道危害，做父母的一定要时时提醒孩子注意安全。

5. 紧张情绪的宣泄：八岁孩子有自己的方式

　　根据家长的报告，八岁孩子所需要的紧张情绪的宣泄比七岁明显减少。八岁孩子的精力几乎全都放在了正面的人际交往以及体能运动上，和以前相比处于更好的控制之下。因此，这个年龄段的孩子对宣泄紧张情绪的需要明显更少。

❖ 以小便的方式宣泄紧张

　　八岁最常见的宣泄途径，是赶紧去解小便；而最容易让孩子感到紧张与压力的事情，是被迫做自己不喜欢做的事情，或者他觉得别人对他不公平了。让他帮忙在厨房清洗餐碟，他肯定刚开始做一小会儿就要赶紧跑厕所，有的妈妈把这戏称为"洗碗进行曲"。当遇到有些较难的功课比如阅读时，孩子的小膀胱会很快涨满，我们不妨把这种现象当作由情感因素引起的"内排汗"。上厕所并不是孩子找借口推托，而是真的有那么旺盛的膀胱分泌。过度的大笑有时候也会导致孩子的尿液不自觉地漏一些出来。

❖ 吸吮手指也是为了宣泄情绪

少数孩子到了八岁还继续吸吮他的拇指，不论男女都有可能，这每每令孩子的爸爸妈妈们感到沮丧。六岁孩子吸吮拇指时会有意避开成年人，七岁孩子会尽量克制自己吸吮手指。而八岁孩子则有可能毫无掩饰地吸吮手指，一点儿也不因此感到羞愧或尴尬。他往往会在看书、看电视的时候，以及入睡前吸吮手指。

大多数孩子现在愿意在妈妈的帮助下尽力克服这个习惯。妈妈可以让孩子想一想他想要的东西，比如自行车或者手表，以此来激励孩子改掉这个毛病。戴上手套或者在手上涂抹难闻的液体，也是一种办法。有的孩子甚至会自己想出一些办法来改掉这个毛病。

在**家里**，孩子的宣泄动作随处可见。任何他小时候曾经用过的宣泄途径都很有可能再次重演，比方说眨眼睛、咬手指、抠蚊虫咬过的地方、揉眼睛、自言自语、长声叹息……有些会大声嚷嚷太累了，不少孩子不愿意接受命令时会朝你使脸色。

❖ 宣泄紧张情绪的其他动作

在**学校**里，各种从五岁孩子到七岁孩子身上出现过的宣泄行为，都可能出现在八岁孩子身上，而且是一个孩子身上可能出现好几种不同动作，如脸部表情怪异、皱眉头、挑眉毛、翻白眼、哼哼、咂嘴巴，还有伸舌头……孩子抖腿的动作有可能很打扰上课，让孩子把腿抵在课桌下面或者把两条腿架到一起，可能会有些效果。还有些孩子会借在课桌上或者桌子里摆弄小玩意来宣泄紧张情绪。

主动打开心扉——

八岁孩子的自我意识 与性意识

相比七岁孩子只关注自己的内心世界，八岁的他打开了心扉，开始融入外面的世界。他变得自信很多，愿意通过各种方式参与社会交往，并且越来越深刻地意识到自己与其他人的异同点。他勇于迎接挑战，期望获得承认和认可，并且懂得分辨是非好坏，开始重视诚信。在性意识方面，一提到"心仪"的异性，他们依旧会"满脸放光"。

1. 自我意识：开始融入外部世界

❖ 开始敞开心扉

七岁的时候，孩子的自我意识已经很强，不过这只关乎他自己的内心。到了八岁，孩子开始尝试让这层自我意识融入外部环境之中，只是他往往四处碰壁。典型的七岁孩子会竭力脱离外部世界，退缩到自己内心世界里，以构筑他的自我；而典型的八岁孩子则竭力把这个自我推到外部世界中去，以各种途径和整个世界相衔接。他之所以喜欢吹嘘、推诿，可能正是因为他希望把自己放到这个外部世界中某个恰当的位置上，而且是他对自己感到满意的位置上，这显然是件很不容易的事。

八岁孩子和七岁孩子相比起来，已经更接近一个成年人了。你无须再像七岁时那般对他诸多体谅，可以坦率地就事论事，而他也看来能够接受得了。你接纳他如他所是的态度，其实有助于孩子构筑并强化他对自我的认知。和一年以前的七岁相比，许多八岁孩子都已经走出了原先的羞怯，变得自信了许多。

❖ 想要深刻认识自己

这个年纪的孩子已经对于自己是一个什么样的人有了更深的认识。一位八岁小女孩在火车上看到镜子里的自己，对她妈妈说道："我怎么觉得这不像我自己。"妈妈回答说："你以前也在镜子里看过自己啊。"女孩回答道："但是，这是我第一次真正地看到了我自己。"

❖ 发觉自己与他人的异同

通过阅读、电视、电影，通过和朋友以及家庭成员之外的成年人更为广泛的社会交往，八岁的孩子越来越清晰地意识到自己与他人之间在行为上以及感受上的相同与不同。尤其是越来越多地发现他与别人之间的相同之处，这有助于他从社会关系、经济、种族、宗教等各方面对自我的界定越来越明了。

不论成年人最终希望孩子成长为一个什么样的人，八岁的孩子很明显地喜欢与他相同的人，排斥与他不相同的人。因此，爸爸妈妈为人处世的态度，能帮助孩子认识并且尊重人与人之间的这种相同与不同。

❖ 从不同视角审视自己

八岁孩子喜欢戏剧性的夸张，喜欢把一件小事夸大成了不得的大事。他陶然于这种很富有戏剧色彩的夸张之中，哪怕这给别人的感觉却是他难受得不得了了："我都要疯掉了，我快气死了。"

另一方面，他也很陶醉于琢磨他自己的独特品性。一个八岁男孩告诉我们说，他在夏令营活动中培养出了很多的勇气。这是普通的七岁孩子往往还不具备的一个全新的视角，一个对自己全新的审视。

对于七岁孩子来说，他在自我意识上的困扰大多来自于他本身。而八岁孩子的困扰主要在于他的自我意识与外部世界的衔接之上。因此，七岁孩子的评估与判断会以他内心对自己的要求为依据；而八岁孩子的评估与判断所依据的，则是他自己所理解的成年人对他的要求。

孩子幼小的人生中并非永远充满了玫瑰色。八岁孩子让人相当不忍的一点，就是他往往会刻意贬低自己的成就和行动，以图得到成年人的嘉许。

❖ 勇于接受挑战

这个年龄的自我意识还有另外一个很有趣的方面，那就是除了他情绪格外不佳的情况之外，他往往勇于冲向一切挑战。对他来说，没有克服不了的困难，没有完成不了的任务，没有到达不了的地方。实际上，这个年龄的少年通常来说都会以满腔热忱挑战生活中一切新奇、棘手的事情。

只是，八岁的孩子也往往会高估了自己迎接挑战的能力，因此的确有时候做不到善始善终。面对新的挑战，他开始时会迸发出无限的精力和热情来，可到了后来，却又可能以失败而告终。这会让孩子满心沮丧；如果有人提及，他甚至满眼泪水。假如他这时评估与判断的能力能够再完备一些，能让孩子少经历一些这类失败的痛苦，那该多么好！

尽管表面上八岁少年是那么的冒失、鲁莽，可实际上他比你预料的要敏感得多。当孩子遭遇挫折的时候，父母既需要保护他不必太拼命，也需要保护他不必太自责。如果孩子虽然有了一个很好的开端，但是末了却没能得到一个完美的结果，父母这时要做的事情，是应该想办法帮助孩子不要一味认为自己太失败。你不妨和孩子一起规划规划，怎么能在下一次做得更好，或者帮着孩子把目标调整得更为切实可行。八岁的少年能建立起他今天的自信，已经经过了漫长的努力，而且他也还需要经历未来更多的漫长努力。

❖ 很关心自己的"财宝"

八岁孩子对拥有自己的"财宝"非常感兴趣，那简直就已经是他自身的一部分。这个年龄的孩子喜欢去弄来、去换来他喜欢的东西，而且还会满心欢喜地反复把玩。他不见得能把他的"财宝"收拾妥当，不过却很喜欢而且需要一个合适的地方来收藏这些东西。

在他所有的"财宝"当中，钱财肯定是他的心爱之一，八岁的孩子很可以被称为"小财迷"。只是他这段时期对钱的热恋，有可能导致他拿了家里的钱去"款待"他的朋友。另一方面，这也能促使孩子愿意帮忙干活来挣钱。大部分孩子已经对自己手里有多少现钱、什么时候他还能再收到多少钱、他想用来买什么、那样东西需要花掉多少钱等等，知道得相当清楚。有些孩子为了能买得起贵的东西，已经知道不再随便乱花钱去买些无关紧要的东西，而是要把钱好好攒起来。

❖ 道德意识

任何一个孩子成长中的自我意识的一个重要部分，是他的道德意识。尽管八岁的少年是一个追求向外拓展的、喜欢夸大事实的孩子，但是他其实已经成长为一个相当讲道理的人了。很多场合下，父母都会发现自己的孩子不但能听得进你跟他讲道理，而且还能在你指出他的不合理之处时愿意信服。别外，他也比六七岁的时候更容易打定他的主意了。

❖ 能够辨别是非好坏

通常来说，八岁孩子对好与坏、对与错已经有了比较清晰的概念。好与坏已经不再是爸爸妈妈具体允许与不允许的小事情，而开始有了抽象的意义。八岁的少年不但愿意而且刻意要求自己做到他心目中的好的标准，更愿意努力达到他认为是成年人给他设定的标准。

如果他真做错了什么事情，大部分八岁孩子已经能够接受得了别人的批评。有时候他也难免会为自己的错误行为开脱，"你会怪我吗？""我能做些什么吗？"……也有可能他会否认自己的不是，不过，这时的他已经很少像前段时间那样去怪罪别人。有些情况下他甚至还有可能相当成熟地坦承自己的错误，并许诺"下次再不了"。

❖ 注重诚信

诚信二字，目前还算不得是八岁孩子品行的亮点之一。这个年龄段追求向外拓展的天性，使得他往往喜欢吹牛、夸大，甚至随口瞎编，跟他当年四岁时候的情形十分相像。但是，和四岁不同的地方是，八岁的孩子已经可以分得清什么是真实、什么是幻想，而且真遇到他认为是很重要的事情时，他还是常常能够（虽然还不是肯定能做到）跟你说实话。

　　总的来说，八岁的孩子已经衍生出了一定程度的道德意识。不过，从某种角度上来说，他前面还有很长的路等着他。

2. 性意识：对异性依旧好奇，
   对小婴儿格外感兴趣

❖ 意识到男女有别

格塞尔博士曾经很富有诗意地指出："尽管男孩和女孩一起平等地去上学、去参加各种娱乐活动，而且他们还有很多共同的兴趣爱好，但是，孩子们仍然越来越清楚地意识到男女有别。他们探索世界的天性有可能导致对未来的各种尝试、同性恋和异性恋，而男女之别又使得他们在异性面前知道收敛，有意识地避开对方，甚至在正常的游戏中也不愿意触碰到对方。探索的天性也同样让孩子生出好奇心来，几乎全世界每一个孩子都会对小婴儿感到好奇，而且他们越来越多的疑问渐渐涉及了生命的起源、繁衍以及婚姻。"

❖ 浪漫的想法在心里发芽

尽管在大多数情况下这个年纪的女孩愿意与女孩在一起玩，男孩愿意与男孩在一起玩，但是，某种罗曼蒂克的情怀还是在男孩女孩的心里蔓延开来。男孩开始注意到漂亮女孩，而女孩也开始追随英俊的男孩，这往往令男孩子满心得意。

有一位男孩这么问他的妈妈："鲍比·布莱克算得上英俊吗？女孩子们都喜欢追随他。她们也有人开始追随我了。"另一位男孩的妈妈则对我们说，当有人提到他儿子的女朋友的名字时，他"满脸放光"，尽管他不喜欢别人借提及她的名字来取笑他。有些男孩和女孩已经开始偷偷给对方递纸条了。

有了一个女朋友（或者男朋友）并不意味着两个孩子就真会去"约会"，尽管他们肯定会在一起玩，包括在学校里一起玩、在街坊里一起扎堆。孩子之间有可能还会有些性游戏，也就是展示与琢磨之类的行为。不少男孩子又开始变得喜欢说脏话、讲黄话。还有一定数量的孩子喜欢偷看别人，讲悄悄话，逗弄性地咯咯笑，说些跟排泄以及跟性有关的字眼……比如说，有个男孩子回家跟他妈妈说，他拼写"rich"的时候，会把第一个字母"r"换成"b"（译者注：很典型的说脏话。rich是很普通的词，富有；但是bitch却是骂人的话。）他妈妈告诉了他对此的心理感受，儿子于是噤声。

❖ 对小婴儿的来源刨根问底

大多数孩子这时候对小婴儿格外感兴趣，而且往往显得温柔和慈爱。如果在七岁以及更小的时候没人问过他、也没人告诉过他小宝宝是怎么来的，那么现在他会对此有非常浓厚的兴趣，比如宝宝是怎么从妈妈肚子里出来的，还有那当然要问的——宝宝最开始是怎么进到妈妈肚子里去的。七岁的时候孩子往往很满足于爸爸妈妈"两颗种子"碰到一起的回答，现在到了八岁，不少孩子已经想要知道爸爸在这整个过程中是怎么一回事。有些爸爸妈妈对于孩子的这类提问感到十分尴尬。请父母不必对此感到太紧张，大多数孩子其实并不愿意接受超越他们能够接受程度的答案。

通常来说，有关性交的问题，女孩比男孩问得多。而且，如果女孩子在此之前还没有谁跟她说过有关月经的事情，那么她现在也会对这样的话题感兴趣。

❖ 性别认知：男孩和女孩的确从小不同

孩子对自己性别的认知，毋庸置疑也是孩子自我意识的一个重要部分。尽管在任何年龄段的孩子都有可能表现出许多和孩子本身性别相反的行为，但是我们认为，绝大多数的男孩会表现出"阳刚气"，而女孩则会表现出"女人味"。

如今有一些女权主义者坚称，只要我们平等地对待孩子，男孩和女孩之间并没有什么天生的差异。但是，基本常识以及我们自己还有许多家长的观察却在告诉大家，孩子们的行为的确男女有别。偶尔会有妈妈告诉我们说，她发现抚养男孩比抚养女孩更加容易。可是，大多数妈妈的看法却与之相反，她们认为养育男孩子比养育女孩子难多了，从婴儿时代开始就已经如此。

近期有两份报告表明了我们男女有别的观察是正确的。其中一份是皮彻尔和舒尔茨针对幼儿园小男孩和小女孩的专题研究。在这份学术报告中他们指出：

> 儿童会学习整体上符合其传统文化观念中有关性别角色区分的概念。在他们的玩耍过程中，孩子持续不变地展现出他们各自的性别所自然应有的行

为。这种性别的自然区分，不但源自他们的生理传承，源自他们的心理需求，而且符合他们的心中所解，顺应他们的文化氛围。人类社会的特性，不但是人类社会的独创，而且是整个人类社会都共同响应的特性。年幼的孩子因为不同基因而得到了不同性别的躯体，他们也自然会根据与环境的互动而逐渐滋生出不同性别的观念。不论是先天的基因还是后来形成的观念，都对孩子将来成长为男人还是女人产生决定性的影响。

另一份是来自萨拉·邦尼特·斯坦的非常有趣的著作《男孩和女孩：不按性别区分养育孩子的缺陷》，讲述了为什么她认为刻意混淆孩子性别来养育孩子是不恰当的养育。有些家长竭力想把男孩和女孩当作同样性别的孩子来同等对待，也就是所谓的"不按性别区分养育孩子"。而作者认为，不同性别之间天生的、最基本的差异，不但非常强烈，而且占据主导地位，哪怕初生的男婴和女婴，也会让父母感受到明显的不同。在孩子从婴儿成长为少年的整个童年阶段中，男女之别不可抗拒。她总结说：

我们必须记住，固然不论男女都会做一些相同的事情，比如爱抚小宝宝、为某件事情游行、拿回家一份工资……但是，他们一定也需要有这份自由，去依照他们各自不同的方式去体验和展现这些相同的举动。

这一课，我们必须好好向我们的孩子学习。他们很努力地去理解他们自己的性别，无所畏惧地自由表达出来，并且以他们各自的不同方式，接纳并热爱自己的性别所带给自己的局限性以及美好天性。只有通过我们对孩子这种努力的支持，我们才能给予我们的孩子以力量、信心和创造力，去开拓他们作为男人和女人的未来。

因此，不论是八岁还是任何其他年龄，女孩和男孩即使在某些方面有相似之处，但是总的来说，不论是他们的言谈举止，还是他们对自己的认知，都的确会有非常大的不同。

5

Chapter

协调性增强——

八岁孩子的兴趣爱好与能力

伴随着八岁孩子身体运动协调能力和视觉能力增强，他的兴趣爱好也宽泛起来。他喜欢参加集体活动，还喜欢戏剧化的游戏，通过各种方式让自己参与其中。这时候的孩子在读书写字方面也上了一个台阶，他能够独立阅读自己喜爱的书籍，甚至愿意写信给自己喜欢的人。对看什么电视节目也有了自己的选择，只不过看电视的时间长短还需要家长来控制。

1. 玩耍兴趣：热爱集体活动，偏爱创造性活动

❖ 喜欢互动，更喜欢受人关注

总体上来说，典型的八岁孩子不喜欢单独玩耍。他总喜欢和别人在一起，不但喜欢和别人一起玩游戏，而且还希望得到别人对他的完全关注。

八岁孩子玩耍时的主基调是他需要不停地动来动去，甚至他的画作也充满了动感，例如飞机和坦克在战场上打仗，或者有人驾驶飞机以及操纵坦克。男孩子会用自己的工具在家里东敲敲西打打，比方说加个门闩，或者拧紧松动了的门

把手。只不过他的能力常常达不到他希望的程度，所以他能够完成的事情并没有他希望能完成的多，不少事情做了一半就只得放下。

女孩子喜欢将各种配料混合起来烤制饼干和蛋糕；而男孩子则喜欢将各种东西用他的化学实验用具混合起来，变成新的颜色和气味，或者做些所谓的"神奇混合液"。

❖ 偏爱戏剧化游戏

八岁的孩子特别喜欢戏剧化的游戏：假装出现意外事故、打架、飙车……不论男孩还是女孩，都喜欢模仿电影上或者书上的某个角色，尤其是女孩子，更是格外喜欢把自己打扮起来"表演"一番。有谁想要看的话，可能还要收费哟。男孩子更喜欢变魔术，当然也喜欢角色扮演。

虽然有不少活动是男孩女孩都喜欢的内容，尤其是他们都喜欢用电脑，但是总的来说，男孩子和女孩子喜欢的活动有很明显的不同。洋娃娃自然是女孩子的最爱，而男孩子则格外喜欢使用工具、玩他们的"化学实验"、做模型、捣鼓电动火车等。

❖ 女孩偏爱纸娃娃游戏

纸娃娃不但是女孩子戏剧化想象的最好载体，而且也是满足八岁孩子浓厚的收集兴趣的好东西，她们能收集起很多各种纸娃娃以及纸娃娃的装束。而且八岁的孩子也变得喜欢整理这些收集品，利用各种排列组合，替它们分类。

女孩子很喜欢和洋娃娃"真正"一起玩，比方说，她会一整天带着她的娃娃，按照她的生活节奏，让娃娃跟着她一起做这做那，而不是像过去那样，用几分钟的假想游戏模拟出一整天的活动来。她还可能替她的娃娃说话，比如告诉你说"她"不喜欢你，过了一段时间之后又告诉你说"她"现在**开始**喜欢你了。椰菜娃娃曾经有一段时间非常流行，甚至一度取代了很风靡的芭比娃娃和肯（译者注：一个英俊战士造型的男性娃娃）。当然，后来芭比和肯的玩偶制造商不断成功地推陈出新，现在又推出了新的热带海岛装束的芭比系列。

在玩娃娃游戏时，女孩子总喜欢跟妈妈一起玩，但是妈妈却往往对这种游戏的兴趣不大。这种游戏必须有大量的对话，小女生不但自己说话，还要替她的娃娃说话，更是要求妈妈也要完全投入到这种（无聊而且没完没了的）对话之中。

❖ 男孩的收集兴趣

男孩子的收集兴趣比女孩更浓厚也更广泛，他们几乎什么东西都收集。而且他不仅仅是对收集的量感兴趣，现在他也开始关注收集的质，以及初级形式的分类。他还喜欢跟朋友以物易物，通常是用他喜欢的一个东西换回另一个他喜欢的东西，比如说，用他喜欢的漫画书换别人那里他同样喜欢的漫画书（女孩也这样，用她喜欢的娃娃衣服换别人那里她同样喜欢的娃娃衣服）不过，孩子交换东西时的"估价"能力还不怎么样，因此在父母看来往往觉得有一方很"吃亏"，但是孩子自己却无所谓。

❖ 喜爱全身性活动

全身性的体能活动是一群八岁孩子在一起玩耍时的典型特征，但是，成年人应该对玩耍中的孩子稍微加以控制。这是因为这个年龄段的孩子太容易疯过头，如果允许一群孩子完全自己随心所欲的话，他们很可能像一群脱缰的野马，一起狂奔、跳跃、追逐、摔跤和爬树。假如能稍微组织他们一下，例如玩打仗，或者是捉迷藏，他们可以在一起玩得相当好。尽管八岁孩子玩起来很疯，他们通常还是会听从指挥。

不同的季节里，八岁少年会喜欢不同的运动项目。夏天来临他喜欢游泳，冬天的时候喜欢滑雪和溜冰。他也喜欢成群结队的体能活动，例如打棒球和踢足球。有些地方棒球运动虽然很普及，但是，如果教练是一个很在意打比赛的人而只肯用少数几个优秀球手的话，这给小队员们带来的挫败会比快乐更多。相对而言，足球运动能提供所有的小队员以更多的机会，而且即使技术不那么熟练的孩子也能有机会上场。

❖ 同样钟爱室内游戏

八岁的孩子也特别热衷于各种室内游戏，比如纸牌、游戏棋、跳棋、方格棋，还有"大富豪"等游戏。尽管不少八岁孩子已经可以输得挺有风度的了，但是仍然有时候他还会输不起，因此这种游戏之中的争吵斗嘴、相互指责耍赖那是在所难免。

男孩子喜欢叠飞机、画飞机，喜欢沉浸在假想的飞行中。他一向喜欢的搭建乐高以及其他机械类的组合玩具，现在仍然是他的最爱之一。也有许多男孩子喜欢玩电动火车、化学小实验，以及使用真胶卷的小电影制作……

我们和一位熟识的八岁男孩聊天，问到他喜欢玩些什么，他的回答相当全面："踢足球、看电视、做飞机、打仗、跟我弟打架、打棒球、做怪兽（先画到纸上然后剪下来）、恐龙搏杀（你要用小树枝什么的做很多枪、弓箭、刀剑）、读书、跟朋友玩、下跳棋、玩游戏棋、游泳、露营等，我还喜欢砍树，也就是用我的小锯子、铁铲、起钉钳、螺丝刀什么的砍小树。"

2. 读写兴趣：自主性阅读与写作成为主导

❖ 根据兴趣独立阅读

八岁孩子很喜欢阅读。一些阅读水平较高的孩子，已经可以根据自己的兴趣读书，而不再需要别人的提点了。八岁少年喜欢的书仍然包括经典儿童读物、幽默笑话、诗歌、谜语等。除此之外，因为这个年龄的孩子开始喜欢探索新的世界，所以他有可能会喜欢尝试不是他很熟悉的领域，例如侦探类的故事、博闻广识的游记、遥远时空的地理历史等。他也还喜欢阅读描写孩子、动物、童话、奇遇，以及常识之类的书。如果他觉得一本书或者故事过于幼稚，会立即满脸不屑地放下。

漫画书仍然受许多孩子的喜爱，不过电视的出现使得孩子对这类书籍的喜爱不再像过去那么热衷。八岁孩子也喜欢看画报，甚至会花很长时间仔细阅读各个栏目。

❖ 书写的乐趣

写字也是让孩子很享受的一项乐趣。一些比较有文字天赋的孩子这时已经能够自己编写小故事或者小诗歌，甚至可以给朋友写信了，而且他也会很高兴收到写给他的来信。

3. 音乐、收音机、电视和电影：尤其热爱看电视

❖ 对乐器的钟爱程度不同

七岁孩子对学习乐器的短暂兴趣这时可能已经消散，当然有些真的很喜欢音乐的孩子也可能会热情不减。父母不应强迫孩子练琴，如果孩子的兴趣淡了下来，不妨让他中断一段日子的练习。不过，如果有人愿意在孩子练习的时候陪伴在一旁，有些孩子则很可能提起兴致来坚持练习下去。

❖ 热爱电视节目

电视已经成为八岁少年生活中不可缺少的东西，他甚至情愿不出去玩也要看电视。这是他少有的可以独自享受的活动，不过，如果有人和他一起看的话，那当然更好了。八岁孩子已经开始要求自己选择他喜欢的节目，甚至会查阅电视节目指南或者报纸上的电视节目目录。他愿意每天或者每周看相同的节目，而且对他喜欢的节目播出时间了如指掌。他们大都仍然喜欢看卡通故事和少儿节目，不少孩子这时对电视剧和智力竞赛节目也开始有了兴趣。八岁孩子最喜欢的少儿节目，有霹雳猫、变形金刚、神勇小白鼠、迪士尼动漫、布偶宝宝和怪兽、小狗史努比、大狗史酷比等等。然而，大多数八岁孩子讨厌新闻类节目。

许多孩子看电视会看到父母所允许的最后一秒钟。不同家庭里，父母允许孩子看电视的时间量会有很大差别。许多电视反对者哀叹道，美国孩子看电视的时间甚至超过了他们上学的时间。有些孩子的确可能在周末无人监管时没完没了地看电视，但并非所有孩子都这样。我们针对一小群八岁孩子做的调查显示，周末看电视的时间从一小时到十二小时不等。平均来说，女孩子周六看电视的时间是五小时，周日看电视的时间是四小时。而男孩子周六看电视的时间是六小时，周日看电视的时间是四小时。平时看电视的时间，女孩子每天从一小时到八个小时不等，平均时间是三半小时。男孩子每天从半小时到七小时不等，平均时间是四小时。这些数据与我们问卷调查的一千多名十岁少年看电视的时间相比，相当公允。调查数据显示，十岁女孩平均一周看电视的总和时间是二十小时，而男孩是二十五小时。

❖ 对录影带也颇为喜欢

大部分八岁孩子很满足于用家里的录像机放映租来的录像带，而很少去电影院看电影（译者注：20 世纪 80 年代还没有出现 DVD，只有录像机）。如果去电影院，孩子大多喜欢动物片和侦探片，不喜欢爱情片。如果银幕上的画面太让他接受不了，孩子可能会哭喊、扭过头去不看，或是躲到外面大厅里去。

4. 动作协调水平：身体活跃且动作协调性增强

❖ 写字的姿势

八岁孩子的身体姿势比以前要更为左右平衡。比如写字的时候，虽是仍然各种姿势都会有，但不再像七岁时候那样往往倒向一侧。孩子的头虽然会偏左或者偏右（右撇子或左撇子），但身体已经大都是直的了。不写字的那一只手，有的垂在身边，有的放在桌上。有的孩子虽然有时会身子往前倾，但是大多会愿意而且努力将身子挺直。

❖ 身体姿态协调

八岁孩子的身体动作相当流畅，显得越发平衡与优雅。行走已经很自然，他不但能意识到自己的身体姿势，还会有意识地挺直腰板，甚至会批评别人没有挺直。他喜欢以戏剧性夸张的姿势和仪态来"显摆"他自己。

❖ 身体十分活跃

八岁孩子往往十分好动，很难有个停歇。他喜欢奔跑、跳跃、追逐、摔打等。捉迷藏他一向都很喜欢，现在他还喜欢更有组织的体能项目，例如足球和棒球。他既是很好的观众也是很好的运动员。

❖ 喜欢富有挑战的活动

八岁孩子富有勇气与胆量。如果要爬树或过独木桥，他会给自己鼓劲打气。他有可能说出他的惧怕，并寻求别人的鼓励。大多数时候，他一旦开始做，就会坚持完成。溜冰、跳绳或者游泳等活动目前又到了一个新的高潮，而且他现在也更愿意学习新的技巧。只不过，他试过了你的方式以后，常常不由自主地又用上了他自己的老方法。

❖ 精细活激起他的新兴趣

八岁孩子对肢体大肌肉群（四肢与躯干）的控制，现在已经做得很好了；对精细小肌肉群（手指）的控制也有了显著的进步。这个年纪的孩子开始对缝纫、编织、剪纸以及精雕细琢的木工活感兴趣。然而，他常常会高估自己的动手能力，想要做的东西往往做不出来，这每每会让孩子感到很挫败。

靠精细小肌肉群控制的手指动作这时更为灵巧和娴熟，手眼配合也更为协调。探手出去拿东西的动作显得敏捷、顺畅，甚至是优雅。放开手的动作也是一点不拖泥带水。孩子握铅笔、拿牙刷、握工具的姿势，也比以前更为放松。

❖ 身体协调能力增强

做事情的时候，他会根据需要不断调整自己的姿势，一会儿往前爬过去，一会儿又挺直身子，因此他的头和他手上正做着的东西之间的距离不断变换。他的身体姿势比七岁的时候"中正"多了，而且常常是双手一起托着腮，或者两只胳膊都摊在他面前的桌子上。

八岁孩子可以做得到在出手之前先看一看，不过他也喜欢做什么都图个"快"字，因此实际上他开始动手之前往往只是稍微琢磨一下而已。

5. 视觉能力：眼睛聚焦和视觉广度增强

❖ 视觉灵活性进一步增强

八岁属于追求向外拓展的年龄段，因此八岁孩子的视觉导向我们可以看作是外围导向。伴随着这一新的视觉导向，孩子用眼的灵活性也进一步增加。视点从近处挪到远处比七岁时容易多了，只不过视点从远处挪回近处时仍然有点困难。因此，一方面他坐在课桌前抄写黑板上的东西比以前容易了很多；但是另一方面，他的眼睛却可能跟不上快速移向他面前的东西，比如说，若要盯住一个扔向他的球，他不太做得到。不过，孩子调整眼睛聚焦的动作，不但比七岁时更为放松，而且更为迅速。

这个年纪的孩子也容易被周围视觉范围内的任何东西吸引走他的注意力（正如他六岁的时候那样）。因此，在学校上课时，他可能对窗户外面的东西更感兴趣，而不是读他的课本。

❖ 拓展视觉角度

八岁孩子竭力拓展他的视野，恨不能什么都尽收眼底，因此反而有可能什么都看不过来。骑车时撞上东西以及被扔过来的球打中，这在一定程度上就是因为他的视点不知道该落在哪里才好。不过另一方面，他的视觉空间感又有所进步。他也开始意识到，虽然是看同一样东西，别人的视角可能会跟他的不一样。而且，他的绘画中也开始出现透视角度的味道。

这个年纪的孩子不再会像他以前那样常常要去触摸自己所看到的东西。如果孩了仍然总是要去摸摸他看到的东西，那么他可能在视觉引导方面存在一定问题，因此需要借助手的感觉来确认他眼睛看到的东西。

八岁孩子可能会讨厌戴眼镜。如果想让孩子戴眼镜，最好事先咨询一下眼科医生，看看是否真的需要整天戴眼镜。如果不必要的话，则不必勉强孩子。

6
Chapter

思维日趋成熟——
八岁孩子的
心智成长

　　虽然我们不能苛求八岁孩子事事做到完美，然而，这时候他的表现已经相当不错了。对空间和时间的感知虽不敌成年人，八岁孩子却已经懂得守时和辨认空间方位。此时，他分辨是非好坏的能力逐渐增强，向外的性格特点促使他能够正面面对死亡和神灵。在读书、写字和算术等能力上，八岁的他呈现出阶段性和自己的风格。

一个孩子所做的几乎每一件事情，都是在表达他如何运用他的心智。虽说如此，我们还是勉力要求自己编写这一章，讲述一下人们习惯上认为是孩子表达心智能力的一部分行为。因此，我们会讲到孩子对时间和空间的感知，读、写、算的能力，思维能力，以及通过语言表达自己的能力。我们也还将讨论孩子对死亡、神灵以及圣诞老人的看法等。

1. 对时间的感知：懂得守时，会关注和时间有关的事件

八岁的少年比以前更加懂得遵守时间。他比七岁时快捷得多的行动速度，使得他不再像过去那般苦于无法按时完成任务。现在他做事情比以前迅速多了。（八岁孩子也急于想要长大。）

八岁孩子现在可以做到按时上学，而且上学之前也不再有七岁时惯有的焦虑和张皇。他喜欢知道自己在什么时间点上，比如说，他会频频去查看学校告示栏上面的日程安排。

他知道要守时，也知道什么时候该做什么。他已经会认表，但是，上床睡觉却还需要爸爸妈妈提醒他时间到了。按时去上学是一件重要的事情，所以他能够做得到；不过上床

睡觉却远没有上学重要，因此他可能需要你提醒了再提醒。他对电视节目的时间也很关注，常常时间未到就提前去打开电视。

这个年龄段的孩子能够说清楚某天是哪年哪月哪日，也说得出一年之中所有月份的名字。（译者注：英语中每一个月都有一个特别的说法，有些类似于中国古代的"正月""仲春"，而不是简单的1月、2月。）

他现在对很久以前的"过去"非常感兴趣，喜欢读也喜欢听你跟他讲有关这个国家很早以前的历史，只不过他还不太弄得明白历史事件的前后时间关系，因此很有些"关公战秦琼"的感觉。他小时候一直对警察和消防员很感兴趣，而现在则可能转而对历史上的美国土著印第安人以及最早创立美国的清教徒移民很感兴趣。

2. 对空间的感知：方向感的辨认能力因人而异

八岁孩子的个人空间世界比过去更为扩大。他现在可以在熟悉的或者预先安排好的路径上自己搭乘公共汽车，在自己生活小区内的探索范围也越来越大，甚至越界跑到别人的私人院落里去。

因为孩子对空间位置的浓厚兴趣，他现在变得非常喜欢地理，不但喜欢画地图，还喜欢去了解不同的城市，甚至有兴趣想知道国外国内发生的各种事情。

尽管不少八岁孩子的空间方向感很强，但是也有一些孩子的空间方向感并不好，甚至在他熟悉的环境内也会不辨东南西北。有些学者认为（包括我们在内），由右脑主导思考的左撇子孩子，往往对具体的物理空间有很好的感觉，这样的孩子喜欢玩拼图，而玩拼图要求对上下左右的位置关系有较好的理解才玩得好。由左脑主导思考的右撇子孩子却往往对空间感迷糊得多。不管这个论断是否可信，有一点可以肯定的是，有些孩子对时间、对空间和方向的感觉的确会比其他孩子更好。

3. 读、写、算的能力

❖ 阅读：印证所学知识，是八岁孩子的阅读特点

大多数八岁孩子很喜欢阅读。他们能够通过上下文的内容、音节、起首字母、前缀和后缀来猜单词的意思。他的拼读能力比七岁的时候更为娴熟，很少再像一年以前那般出现不少误读，对元音的认读也进步了很多。他现在读书的时候尽管仍然有可能漏读一些不重要的单词，或者把一组字词的前后顺序读颠倒了，但是，对整句话的理解大体上不再会出错。字面的拼读和字义的解读这两方面现在也达到了更好的平衡。孩子的阅读速度也更加均匀，而且有能力可以在阅读

过程中停下来，跟人说说这个故事，然后从中断处接着往下读。不少孩子更喜欢默读，而且默读的时候阅读速度比朗读更快。

阅读研究专家珍妮·乔尔认为，孩子阅读能力的成长可以分为几个阶段。第一阶段，通常是六至七岁，孩子的阅读能力仅仅是在一个字一个字地认读之上。到了第二阶段，通常是七至八岁，他们的阅读达到了"印证、流畅、解读"的阶段。第二阶段巩固了第一阶段所学的认读能力。在七至八岁这个阶段，孩子阅读的重点偏重于印证他已经知道的东西，因此，从阅读中汲取的新东西倒比不上被印证的已知东西多。也就是说，小读者会用故事或者书里描写的东西来印证他已经明白了的东西。他还需要学习更高阶段的阅读能力，目前来说，八岁的少年尚未达到通过阅读来汲取信息的更高阶段。

如果你的孩子这时候阅读能力在学校里有些跟不上趟，那么现在正是你出面帮助孩子提高的大好时机。首先，父母应该先查明孩子的阅读能力达不到学校要求的原因，例如，也许并非因为孩子真有阅读障碍，他只不过目前还处于更低一级的阅读阶段，即不是在八岁的阶段，而是在七岁的阶段。假如你发现孩子的其他行为能力目前也似乎属于七岁的阶段，那么这问题就简单得多：孩子现在还不够能力就读他现在所处的年级，你应该替孩子降一级。另外，你也应该查一查孩子是不是有感知障碍。如果查明以上假设都不符合你的孩子，那么，妈妈肯定应该趁这个年龄段出手，帮助孩子。

前面已经讲过，大多数的八岁孩子非常喜欢和妈妈在一起，工作、玩耍和聊天，共享一天的时光。让孩子练习阅读，尽管他有可能认为这是一项他不太情愿的任务，但是，只要这意味着他可以有更多的时间和妈妈单独在一起，意味着他可以借此得到妈妈全身心的关注，那么孩子通常来说都会听从妈妈的要求。

由于八岁孩子喜欢跟你讨价还价，因此妈妈不妨这么跟孩子谈条件：比方说，如果他读了一段时间的书，那么妈妈可以陪他做同样时间量的他喜欢的事情（比如一起玩游戏）。

当然，并不是所有的阅读困难都能轻易得到解决。确实有些男孩和女孩（通常是男孩多于女孩）需要专门的阅读指导或者老师的辅导。如果是这样的情况，那么家长和学校都有责任切实为孩子提供这方面的帮助。

❖ 书写：孩子写字颇具自己的"风格"

书写对于八岁孩子来说，已经不是那么费力气的事情了，而且孩子写出来的英文字也更整齐，不论是每一个字母的倾斜角度和高矮比例，还是每个单词、每句话之间的间隔，都显得更加匀称。孩子偶尔仍然有可能把字母写颠倒，或者用错了字母的大、小写格式。当然，孩子的书写能力还是有些个体差异，比如不少孩子已经可以不再写正楷字，而喜欢写连笔字；有的孩子的字体却仍然跟以前一样，相当大，而且方方正正，略带一点倾斜角度；有的孩子的字体大小居中，而且每个字都上下垂直，不带任何斜度，大小均匀；还有的孩子写的字会非常小，因此碰到需要用大写字母时，那个大写字母往往不合比例。

绝大多数八岁孩子能够很好地书写出自己的名字和姓氏，大、小写使用得当，字间距也不错。不过还是有少数孩子掌握不好大、小写字母的尺寸比例，而且每个孩子字体大小与风格也有很大不同。

八岁孩子愿意而且努力写得工整。"这是我能写出的最好的字。""我写得整齐吗？"他也很喜欢在作业本上和草稿纸上乱写乱画。画人物时，对人体比例的意识他又有了进步，而且八岁的少年尤其喜欢画动态中的人物。他的画作也开始显露出透视角度的痕迹。

❖算术：能力参差不齐

对于算术的喜好，八岁孩子的个体差异相当明显。比如说，有的喜欢口头计算，有的喜欢笔头计算；有的喜欢在黑板上演算，有的喜欢在作业本上进行演算。八岁孩子比较偏爱新学的加减乘除九九表，而且喜欢来回换着做不同的表。但是孩子的喜好是不定的，没准他今天跟你说他不喜欢算术，到第二天就又会说他觉得算术很简单。

大多数八岁孩子都能够三个三个、四个四个地数到30、40。在书写1到20甚至20以上的数字时，他们已经极少出错。加法方面，他们熟记了很多算式，即使算错，误差也不大。减法的情形也差不多，1到3位数的加减法，已涉及进位和退位，大部分孩子都能掌握。至于乘法，他们已能运用4的乘法口诀或者6的乘法口诀来计算。遇到比较小的数字时，他们还会运用简单的除法。像½、¼这样的分数，很多孩子也会运用了。

许多孩子在做算术练习时，有时候会算迷糊了，比方说，本来在做乘法，做着做着就变成了加法。（译者注：美国三年级孩子还没有进入四则混合运算，老师给学生的练习题，要么一整页纸的乘法，要么一整页纸的加法……）

4. 思维和语言：明辨是非，善辨好坏

❖ 判断能力增强

针对孩子的思维成熟所达到的不同发展阶段，大概没有人能比著名心理学家吉恩·皮亚杰的著作讲述得更多。由于他的理论比较深奥，因此我们大多依赖于诠释皮亚杰的书，来理解他到底想说什么。所以，各种诠释略有不同。不过，学者们大都一致认为，皮亚杰把七八岁孩子的思维阶段划归为"具体运行"阶段，或者叫作抽象思维阶段的开始。

到达这个思维阶段的孩子，已经不再像以前那么以自我

为中心，而是能够意识到他人的不同观点。他也能够注意到物体的相同点与不同点。例如，他能明白容器形状的改变并不会造成量的改变。（皮亚杰认为这一点非常重要，尽管在现实生活中这样的情况并不常见。）

把装在一个高而细的圆柱形瓶子里的水，倒进一个扁平的盘子里，不论是八岁孩子还是五岁孩子，他的第一感觉都会认为瓶子里装的水比盘子里的多。然而，八岁孩子却能够借用新学到的法则克制自己的最初感觉，指出倒出来的水一定没有变少，因为这里只不过是容器的形状发生了变化。

八岁孩子也理解了数量的意义，如果你把 10 个石子摆成一排，另外再把 8 个石子稍微拉开一点也摆成相同长度的一排，他能分辨得出哪一排石子数量更多。而小的时候他有可能会认为，既然两排石子长度一样，那么数量也应该一样。

八岁的孩子还可以运用简单的逻辑得出一定的结论，做简单的演绎推理，以及现在可以做得到的分门别类。而且，他也能够描绘一系列的举动，比如出去办个小差事然后再回来。而在此之前，他还不能描绘得出他来去的路线图。跟随一条熟悉的路径来去（这一点他更小的时候就能做得到），和利用思维来形象描绘这一趟行动，是完全不一样的事情。

❖ 认识到客观力量

另一个重要思维层面的改变是，八岁的孩子不再像过去那么相信万物有灵（也就是相信自然现象和无生命物质都具有灵魂）。现在他越来越认识到大自然的客观力量，比如说，知道了是什么在推着风帆往前走。而且，他也能辨识得出不同物体的基本相同点和不同点。

整体上来说，八岁的孩子已经有了灵活运用知识的能力。当他太草率地得出某一结论之后，他已经能够做到根据已知线索反思一下。但是，他不愿意你替他思考，他只愿意你给他一个提示，然后他自己来动脑筋解决问题。

❖ 夸张的表达

按照我们一贯坚持的格塞尔博士的观点，我们认为，"人的心智通过他身体各部位的几乎所有的行动本身呈现出来"。但是，皮亚杰和我们在这一点上的看法完全相反，他认为人的心智主要是指能够通过语言所表达出来的思维。而格塞尔博士认为，孩子的心智引导而且控制着他或者她所做的实实在在的每一件事情。因此，我们在这一本书中所描写的所有的孩子的言谈举止，其实都是孩子心智的具体呈现。

虽说如此，我们还是按照皮亚杰的思路，进一步讲述一下我们所观察到的八岁孩子的语言能力。首先，由于这个年龄段特有的追求向外拓展的天性，典型的八岁孩子十分健谈。他不但语句流畅，而且喜欢夸张的表达，因此他常常吹牛皮、说大话、编瞎话。比如说，他可以非常绘声绘色地跟你讲述一个生动的故事（却不是真实事件），说他如何一棒挥出一个全垒打的好球来。

他不但喜欢说正常的英语（或者任何母语），还可能会喜欢编一些黑话、暗语、秘密口令等。孩子也可能学会不少俚语和脏话。当然，如果家庭背景以及学校环境良好的话，孩子的语音这时可能已经相当标准，而且对语法的掌握也往往相当不错。

虽然八岁孩子还做不到完全彻底的诚实，但是他肯定已经能够分得清幻想与现实。还有，尽管他有可能对魔术师和他们的变戏法很感兴趣，甚至会自己来一段简单的纸牌魔术表演，然而，他却已经不再像以前那样相信有什么真正的魔力了。

八岁孩子借用打电话来进行交流的情形越来越普遍，他的语言运用能力的确提高得很快。

5. 死亡、神灵和圣诞老人:
正面心态面对

八岁孩子不但对各种智识概念很感兴趣,对死亡这一概念现在也十分感兴趣。由于这一阶段阳光而正面的心态,孩子对死亡这一主题的兴趣,由七岁时那种对墓地和葬礼的伤感情怀,变成了对人死后会怎么样的探索。将来终有一天会去天堂,这一观念让他很有些向往,而且也能够接受得了进天堂的只是人的灵魂而非躯体这一观念。

某些笃信宗教的孩子可能会以为人的死亡是神的旨意,比如他会以为一个生病而死了的人应该是遭到了神的惩罚。不过,大多数孩子却并不曾去细想这里面的可能性。

❖ 接受死亡的概念

八岁孩子也很少再像七岁的时候那般常常说希望他自己已经死了。事实上，这时不少孩子对人最终会死去这一点显得很平静，看来他已经接受了关于死亡观念，也就是说，所有的人，包括他自己，最终都会死去。有一次我们问一个小男孩他对死亡的感受时，他这样回答："我觉得这一切都很正常。"

虽然七岁的孩子多少有些怀疑神是否真会存在，但是八岁的孩子总的来说却持有这样一个观念："我相信别人告诉我的"，而且对自己的信与不信也很少深究。相信的人自然相信；不相信的非宗教家庭背景的孩子也很少置评。有的孩子，不论他是不是信徒，这时会喜欢阅读圣经故事。

❖ 不再笃信圣诞老人

大部分八岁孩子已经不再像以前那样笃信"圣诞老人"的存在。应该说大部分孩子都不再相信，但是，仍然有一部分孩子在圣诞节的时候会留出一些牛奶和饼干给圣诞老人，以备他万一来了能有点吃的。有一位和我们比较熟悉的八岁少年，虽然已经对圣诞夜会不会有什么发生表达出明显的（也是很有些不情愿的）怀疑，可是，当他看到自己预备的食物不见了，而且看到了挂在壁炉上的圣诞袜子时，仍然会非常畅快地大喊起来："他（圣诞老人）来过了！他来过了！"有些八岁孩子这时开始能够接受一个新的概念，也就是不具备圣诞老人形体的"圣诞精神"，或者叫作"给予的精神"。不管孩子是否依然相信圣诞老人的存在，他还是会喜欢写一封长长的圣诞愿望清单。只不过，大多数孩子这时已经相当成熟，能够接受父母的说法，即他并不见得会得到所有他列出的礼物。

6. 道德行为

　　道德行为，或者道德观念，是最能体现一个人的心智如何运作的一个重要方面。一个孩子诚实与否，是绝大多数父母都十分关心的事情。幸好大多数的八岁少年针对他认为比较重要的事情都会说实话。当然，他这时追求向外拓展的天性，会使得他有点儿喜欢吹牛皮，说大话，有时候还会来点儿编瞎话，吹嘘他莫须有的壮举。虽然如此，大部分八岁孩子已经能明辨事实与幻想。即使是一个正向你说瞎话的八岁孩子，也很有可能一边说一边仔细看你的反应，以判断你是否真的相信了他所说的话。

❖ 判断是非过于分明

典型的八岁孩子其实很想做一个好孩子。他现在能更清晰地觉察到做好人与干坏事的相反驱动力，而且对好与坏的概念也更加清晰，不再像小时候那样以父母的准许与否来判别好坏。他甚至有可能会太"是非分明"，以至于父母不得不反复跟他解释，开导他宽容并理解弟弟妹妹的"坏"行为。

不论是你要求他去做件什么事情，还是指点他怎么去做某件事，八岁孩子不见得立刻就会听从于你。他可能会跟你争辩，找些借口推脱，不过最终往往还是会听你的，而且可能还要来一句："好吧，既然你这么坚持。"

我们认识的一个八岁少年，有一次对他妈妈说："我能求你一件事吗？"

妈妈说："好啊。"

这孩子说道："下次你叫我吃饭时，能不能换一个说法？你不要直接喊'乔尼，吃饭了'，你可以说：'酋长大人，哇呜、哇呜、哇呜……'好吗？"

妈妈笑了："好吧，我想我能做得到。"打那之后的一个星期里，妈妈每天都按照孩子的吩咐叫乔尼来吃饭。到了这个星期结束的时候，儿子对妈妈说："我想你还是按照原来那样叫我吃饭好了。"

八岁的少年大多数情况下都认真想把事情做好，而且一旦他完成之后，很希望能得到你的称赞。要是遭到了批评，他要么会难过得掉眼泪，要么就是另一个极端，不屑地对你耸耸肩说："我才不在乎呢。"

❖ 承担责任，也推卸责任

八岁孩子虽然已经更愿意对自己的行为负责任，也更愿意承担自己的行为后果，但是通常来说，他的第一冲动仍然往往是去怪罪别人，坚称是别人"先"干的。尤其是如果他迟到了，他更要替自己找借口，"我不知道几点钟了""我朋友不许我走"。不过，如果事情很清楚是他的错，大多数情况下他会向你道歉，而且承诺以后再不做（不该做的事情）了。

有一个小姑娘，六岁的时候让她妈妈替她写了一份她口述的清单，"该做的事情"和"不该做的事情"（译者注：请参见《你的6岁孩子》第6章）；七岁的时候也写了一份清单，"只顾自己的事情"和"顾及别人的事情"（译者注：请参见《你的7岁孩子》第6章）；现在她八岁了，又要求妈妈按她的意思帮她写出一份"对与错"的清单。有意思的是，她没有把"对"与"错"分成两个不同部分来写，而是都合并到了一块儿。她某种程度上把对与错用一个统一的行为标准整合到了一起，而不再把它们分化为两极。下面就是这份清单：

对与错

1.他们叫我"无赖"，这并不是我的错，我只是想玩一个不同的游戏而已，刚才的那一种游戏玩得时间太长了。后来没有足够的人和我一起玩一个不同的游戏，也不是我的错。最后我还是提起精神陪她们多玩了一会儿，然后，大家也都同意换一个游戏玩了。

2.要按时上学，是一个问题！我怎样才能知道什么时候该起床、什么时候该吃早饭，然后才能按时去上学呢？如果上学迟到了，这应该不是我的错。也许只是我对什么时候该做什么的估量还不够准确吧。

3.如果我看见有人要打架了，我会去制止他们，尽管 D 老师跟我们说过，别人打架时要躲开，因为其他老师会认为是我们挑的头。即使我们去跟其他老师解释了，可他们还认为是我们挑的头，认为我们这么说只不过是为了逃避责罚，那我觉得我没什么错。

4. 我遇到一件很难做的事情，而且我想要做好它。可是，如果因为我做得不够好，他们就骂我"没出息"的话，我并不服气。（这里并不是说已经有了这样的事情，而是可能会有这样的事情。）

5. 在更衣室里，我知道不该说话，可是，如果有人问了我问题，而且期待我回答，我也就只好回答了。这你也要责备我吗？

6. 课间休息时我跑出了大厅。可是，我不跑不行啊，因为我太想跑出去使劲喊使劲玩了。

7. 我认为我应该有更多的自由，对事情有更多的自主权，比如早上早点儿起来。（我曾经一度想早起，但是一到早上醒来我又还是想睡。）

8. 如果表现好的话，我觉得我应该受到表扬，你可以给我一点奖励，比如我会很喜欢你给我糖果或者是书。也许等我长到了九岁半或者十岁时，我就不再需要你奖励我的好表现了，那时，我会自然而然就表现得很好。

9. 如果你要我做的事情有一定的道理，而且也不是很难做到，而且我觉得我能做也愿意做，而且我也不必强迫自己去做，那么，我会听你的。

10. 我觉得我应该为早起做点儿什么事情。我想我可以为自己挑件合适的衣服，可是，既然那件不合适，我当然只好都拿出来，直到我找到合适的衣服为止，所以这没什么不妥。

11. 你不应该强迫我做事情。如果我认为合理的话，我会做的。

12. 如果我想在学校后面的滑坡上滑着玩，我觉得那不算什么错，可能只是那时候我忘了不应该在后面玩。（对了，那里有一片很平滑的冰，只是在最下面有一点点不平整。）

7. 讲道理、诚实，以及物权意识：对金钱的把控欲更强烈

尽管八岁孩子会坚持按自己的想法去做事，但是总的来说他们大都能听得进你跟他讲道理，而且大都能相当顺利地打定主意去做。

要说诚实的话，八岁的少年大多相当诚实。只是，仍然会有一部分孩子跟以前一样，拿家里的钱去"款待"朋友。而且，孩子拿家里的钱，还不仅仅是为了"款待"朋友。钱对这个年龄的孩子来说非常重要，因为他要用来买他向往的东西。如果他无从得到他需要的钱，那么他可能会自己拿，比如说从妈妈的钱夹子里拿钱。有些更为诚实的孩子，会想办法挣到他需要的钱。随便乱花钱买些无关紧要的东西之类

的情况比以前少了，许多孩子都知道要把钱攒起来，买更贵的东西。

不论孩子诚实与否，他的物权意识这时变得相当清晰，十分在意自己拥有的"财宝"。他会收藏、整理这些东西，还会满心欢喜地仔细把玩。他很需要有"自己的"地方来放置这些东西。不过，虽然有些孩子能仔细收拾好自己的东西，但是总的来说八岁孩子大多数都比较大大咧咧，你可以肯定孩子的小屋里那一定是乱七八糟的。

7
Chapter

乐趣与问题并存——

八岁孩子的
学校生活

八岁孩子会主动去上学。然而，他们在学校的表现或许并不如你所期望。这时，请不要急于给他贴上"学习能力低下"等诸如此类的标签，还是要冷静地从孩子各方面的表现分析一下，他的能力是否真的到了上三年级的水平。

1. 八岁孩子有一颗热爱上学的心

大多数的八岁孩子很喜欢上学，如果他必须留在家里的话会相当不开心，尤其不去学校意味着他会错过某件重要事情，那就更不开心了。哪怕他的功课学得不怎么样，哪怕他和老师的相处不怎么和谐，八岁的少年往往真心实意向往去上学。七岁孩子可能会有的模棱两可的上学态度，这时已经不复再现。他现在在学校里不再那么容易感到疲倦，上学的出勤率也相当好，因生病而请假的情况比以前有所减少。即使是要请一两天假，他也会愿意学校让他把课堂作业带回家做，以免在功课上落后于他人。

不过，也有些八岁少年，尤其是男孩子，早晨起床上学仍然是个麻烦，父母若想要求他准时去上学可能会挺不容易做到，因为他现在已经不再像七岁时那样害怕自己会上学迟到。不过，学校却可能给了他另一个动力让他去上学：老师赋予八岁孩子新的学习责任会激励他上前迎战。因此，能否让孩子按时上学，这既要看父母的能力，也要看学校的能力。现在大多数的生活社区都有了接送孩子上下学的校车，只是，能不能按时赶上校车，这就要看孩子自己了。

家庭与学校之间的相互关联现在比七岁时变得紧密了一些，八岁的孩子现在又愿意把自己的作品带回家了，而且也喜欢把学校里的倒霉事或者开心事拿回家来说，而不再像七岁时那么沉默寡言。

2. 能力提高，喜欢超越他人

❖ 好胜心强烈

这个年龄段的孩子已经能清楚地意识到其他同学的能力水平在哪里。有些人认为这是因为学校的竞争性使得孩子也有了好胜心。实际上这往往是孩子自己的天性使然，他喜欢刷新自己的成绩或者超越别人的成绩。可是，大多数八岁孩子又会让人惊讶地宽容那些不太跟得上趟的同学，比如算术不够好、阅读不够好之类的。另一方面，他又总是那么急切地要往前赶，因此若要他耐心等待进度慢的同学慢慢赶上来，却也真是很难为他。

❖ 视觉能力提高

由于视觉能力的进一步提高，八岁孩子抄写黑板上的东西容易了不少，因为他的视点从黑板移回课桌比七岁时容易了许多。而且他也喜欢在黑板上写字。可是，抄黑板也可能给那些发育比较慢的、视觉能力现在尚不足以应付抄黑板的孩子，造成困扰。更何况，三年级的功课比二年级难多了，而且老师给孩子的详细指导比二年级更少，孩子应该能自己从黑板上找出他需要怎么做的要求。所以，那些还不太成熟的孩子有可能适应不了。

❖ 脱离对老师的依赖

绝大多数的八岁孩子喜欢自己的老师，不过他更喜欢上课时能抓住老师的什么错漏。如果老师本身就很幽默风趣，愿意承认她也是一个会出错的普通人，那常常就更是如此。八岁的小学生不再像七岁时那么依赖老师，他有了一股子这个年龄段的孩子所需要的自力更生的新的精神面貌。从某种层面上来说，三年级的课堂上已经是学生们自己掌控着教室的纪律。而且每个孩子往往对其他同学的水平心知肚明："他的算术不好。"在大多数情况下，八岁孩子的学校生活忙碌而充实，他上课时不再像以前那样容易幻想和走神。然而，八岁孩子太爱讲话，上课时跟同桌总有很多话要说。如果这样的"开小会"不算太过分，老师最好能放宽一些容许度，否则的话，若要让这个年龄的孩子等到下课再说他想说的话，那可是太难受了。八岁的他不但很清楚同学的长处和短处，也很知道自己的长处和短处。在学校里，孩子也像在家里一样希望能得到夸奖，喜欢来自老师和同学的称赞。

❖ 热爱集体

八岁孩子很容易受他所属的集体、班级以及老师的影响，不但这个集体对他很重要，而且他自己在这个集体中的位置也很重要。因此，如果可能的话，孩子在学校里绝大部分的时间最好能由同一个老师来执教，而不是安排多个不同的老师来上不同的课程。一个老师执教，会让孩子感觉学校生活顺畅得多。他喜欢他的班集体，而且不愿意跟大家分开来。

❖ 书写能力存在差异

大部分八岁孩子的学习成绩不错，前面第六章已经做了详细讲述。不过，简短地说，孩子写字已经不像以前那么费劲，而且字形的大小均匀，倾斜角度、字句之间的间距都变得相当整齐了，只不过偶尔还会看到一些大小写字母用反了的地方。

❖ 算术能力参差不齐

但是，和在写字方面大体一致的情况相反，八岁孩子的算术却有不少个体差异。有的喜欢口算，有的喜欢笔算；有的喜欢在黑板上演算，有的喜欢在课桌上演算。大部分孩子都比较偏爱他新学的加减乘除九九表，而且喜欢来回换着做不同的表。有些孩子喜欢将课堂作业拿回家做，甚至会做老师没有布置的额外作业。

而且，天性追求向外拓展的八岁孩子钟爱地理。不知不觉中，他已经建立起了有关整个国家、整个美洲大陆、整个地球，乃至整个宇宙的概念。

3. 确认孩子是否应该上三年级

假如说，你的八岁孩子三年级的功课学得不好。有的孩子还可能已经被贴上了"有学习障碍"的标签。这些学习不好的孩子当中，估计只有一小部分学生可能真的是有学习上的障碍，孩子学习不好的原因其实是多方面的。

根据我们多年的实际观察，功课跟不上趟儿的最主要的原因，也就是我们见证到的最常见的原因，只不过是孩子就读了偏高的年级而已。许多非常聪明的小男孩和小女孩，既没有智力方面的问题也没有感知方面的问题，既有一个良好的家庭环境也真的尽了自己的努力，可他还是学习跟不上趟，其中的原因，却仅仅是因为他当初上学太早了，因此不论他现在的生理年龄是几岁，他就是还不够成熟上三年级。

有很多家长和学校管理者都以为，只要一个孩子到了五岁，而且他的行为举止看起来也像个五岁的样子，他就应该上小学学前班了。但是，每个孩子的成长步调都会有个体差异，许多很聪明的正常孩子，虽然生理年龄已经满了五岁，可是他的行为年龄却并不到五岁。这样的孩子，实际上应该再多等一年才开始上学。

因此我们的建议就是，所有的孩子，不论是刚开始上学还是后来打算升入更高年级，都不应该以他的生理年龄为准，而是应该以他的行为年龄为准。孩子在开始上学之前（以及后来发现孩子就读的年级可能不合适时），可以接受某些检测（包括我们提供的检测法），验证一下孩子是否已经准备好上学，或者是否到时候有足够能力升入更高年级。我们这项建议实际上已经在全国数百所小学得到了落实。

在此，我们为大家列出了一些可能表明孩子还没有准备好上三年级的征兆，供父母以及老师参考。这是由一位任教校长所提供的清单。（请读者一定要记住，所有的孩子，不论他现在读哪一年级，都有可能在某些时候表现出下列清单中的某些征兆来。也就是说，不论孩子现在几岁，都可能有这样的现象。）

4. 三年级：学习压力过大的征兆

❖ 在家

1. 抱怨学校里的课堂作业太多了。

2. 总是找兄弟姐妹的碴儿。

3. 出现由精神紧张引发的某些病症，如胃疼、头疼、腿疼、疲软和发烧。

❖ 在校

1. 喜欢和二年级学生玩耍。

2. 厌恶某些学科。（虽然知道自己在功课上落后了，但是不知道怎么办。）

3. 写连笔字有困难，写得很费劲。

4. 感觉功课负担太重。

5. 不能独立完成功课。

6. 自己想要去二年级的课堂。

7. 总是说："我原来的老师是这样做的……"

8. 抄写黑板上的作业非常困难。

9. 不能背下九九乘法表。

10. 习惯性地丢失或弄坏作业纸。

11. 觉得上课时来回倒换软皮作业本和硬皮教科书相当困扰。

❖ 总体上

一个三年级学生如果觉得上学压力过大，会有如下表现：

1. 钟爱那些看起来并不适合他这个年龄段孩子玩的玩具。

2. 脸上出现一些怪异动作，比方说猛眨眼睛，另外还有使劲咳嗽、老是玩自己的头发或者清嗓子等。

3. 看上去很难融入他所在的集体。

4. 遇到不顺心的时候，会把怨气发泄到跟他一起玩耍的同学身上。

5. 遭到同伴的排挤和取笑，而且还被人取了诸如"笨蛋""蠢蛋""傻瓜"等绰号。

6. 一直都学不会认读传统的指针式钟表，所以喜欢戴电子表。

7. 啃咬铅笔、纽扣、头发、衣领或者其他任何手边的东西。

8. 害怕任何的改变，难以适应新的环境。

5. 格塞尔儿童行为年龄测试

除了在家里和课堂里参照以上所列征兆和预兆来鉴别孩子是不是的确还不够能力就读三年级之外，我们还推荐大家借用下面的一组测试标准来判明情况。

下列内容，根据我们格塞尔的儿童行为年龄测试标准，是一个已经有能力就读三年级的八岁孩子所应有的表现。

❖ 纸和笔

这个年龄段的孩子当然应该会写自己的名字。大约一半的孩子能够写连笔字。字体大小比以前更均衡，而且能够正确使用大小写字母。这时既不应该写出左右方向颠倒的字母，也不应该写出字母左右顺序颠倒的单词。名字和姓氏两个单词之间的位置和字间距都应该恰到好处。

尽管用正楷或者连笔字写出自己的家庭住址不是一件容易的事，但是八岁的孩子应该已经有能力去努力尝试，虽然他们大多只能写得出街名以及街牌号码，而且街名往往会有一些拼写错误、街牌号码也可能不太准确。大多数八岁孩子还不太懂得写信时自己的姓名和地址应该分别放在什么位置，往往会把名字和地址连成一串，写成一排或者两排。

根据我们的测试，这个年龄段的孩子，有54%的女孩和46%的男孩能够以正楷或者连笔字写出家庭住址中的州、市、街名，以及门牌号码。看着八岁的孩子用连笔字书写地址时写得那么吃力，而且字越写越大、越写越做不到保持一排字走直线，我们真应该反思一下，学校是否应该要求三年级的孩子学会写连体字。

尽管大多数七岁孩子能够说出日期，但是通常孩子要到八岁才能够正确地写出年月日。大多数孩子一年以前就已经能够正确而且排列整齐地写出20以上的数字。

❖ 几何图形

我们让孩子们临摹的几何图形包括：圆形、十字叉、正方形、三角形、菱形，以及分割法画出的矩形（ ）。七岁孩子和八岁孩子几乎都能准确临摹出这些几何图形，他们也能按要求从最顶端沿着逆时针方向画圆圈。

大多数孩子可以用半页到一页纸画出所有这些图形。女生大都会把这些图形排成横向，而男生只有 42% 会这样横向排列。另外，大约有一半的女生（46%）能把各种图形都画得大小差不多一致，而男生画出的不同图形则常常大小不一。

❖ 画人

八岁孩子画出的人体平均已经增加到了十个细部，也就是大概包括了头发、眼睛、瞳孔、耳朵、脖子上的两至三个部位、手臂、手指、腿和脚。（请参见下面的图三）

胳膊的画法，大多数位置基本上正确，也就是在躯体上部 1/3 左右，而且都朝上举着；胳膊的长度有些画得比较合适，有些则偏短。胳膊顶端的三个手指头的构图也大多整齐利索。腿的位置以及长度比以前又有了进步，虽然仍然可能画得太直而且太短。脚的方向正确并且长短合适。

头发的画法各式各样，而且头发的长度还不知道要讲究位置不同应长短不同。最重要的是眼睛的描绘有了很大的进步，有的眼睛已经呈椭圆形或者接近椭圆形，并且还有瞳孔。耳朵的形状画得比以前好，不少八岁孩子都会努力把耳朵的形状画准确了。

　　大多数的孩子都在脖子部位增添了三个细节部分：脖子、蝴蝶结和躯干线。

图三

6. 芒罗视力测试第三级

此测试给孩子十六个图形，看他能记住多少（共有四张卡片，每张卡片上有四个图形）。平均来说，八岁孩子能够记下八九个。有 50% 或者 50% 以上的孩子能够记住第一、二张卡上的图形一和二。除此之外，孩子还会记住一些其他图形，但是能记住哪些内容每个孩子很不一样，平均值是女孩能够记下 8.8 个，男孩能够记下 8.9 个。几乎所有的孩子都能画得出他们从每张卡上记住的一些图形。

❖ 区分左右和身体部位

有 50% 或者 50% 以上的孩子能够指称眼睛、眉毛、手掌、肘、大拇指、食指、中指（需要提示）和无名指。仍然说不出小指的名称。他能够区分自己的左右手（需要一点时间），也几乎都能认得清测试者的右手，只是每个孩子能辨识出测试者右手的缘由并不一样。

❖ 对个人信息的回答

八岁孩子能够说得出他的年龄，以及他自己生日的月份和日期，也能说得出家里兄弟姐妹的名字和年龄。事实上，对于八岁孩子来说这些问题已经显得太简单了。

❖ 一分钟时间说出动物名字

六岁及以上的孩子大多能够在一分钟之内说出不少动物的名字。平均来说，在一分钟之内，八岁的女孩能说出十二种动物，男孩能说出十四种动物。女孩说的动物大都是家养动物，比如小狗。而男孩说的大都是动物园里的动物，比如狮子。

7. 投射法测试

　　有一种特殊的心理测试，我们称之为投射法人格测验，可以用来测验一个孩子的心智。投射法测试是一种没有正确答案或者错误答案的测试，接受测试的孩子或者成年人，通过一种比较不定型的媒介，投射出他的个性特征、思维以及感受外界的方式。

　　最为著名的一种投射法人格测验，是罗夏墨迹测验。在测验过程中，我们给孩子看一系列的图片，每一张图片上都印着形状不定的墨迹，有些墨迹带有颜色，有些则是黑白墨迹。我们会让孩子告诉我们，他觉得那墨迹看起来像是什么。从他的应答内容，我们自信可以相当准确地测定他是一个什么样的人，在他眼里这世界又是一个什么样的世界。

同样的图片，不同的孩子看到不同的东西。而且总体上来说，不同年龄的孩子看到的东西也不同。我们的观察发现，在孩子接受墨迹测验的时候，不同年龄的个性特征表露得相当明显。

典型的八岁孩子的应答，看来很能证明我们通过其他途径观察到的相同结果。我们看得出，这个年龄的孩子有了评估与判断的能力，天性追求向外拓展，对成年人非常感兴趣，而且他与成年人的关系不但密切而且复杂。他有了自己的秘密，比较喜欢自责，而且感情上容易受到伤害。八岁孩子的典型应答还显示出他喜欢戏剧性的夸张，喜欢探索，性情急躁，以自我为中心，对别人有诸多索求，而且，显然比七岁的孩子更加外向。

8. 除了孩子还不应该上三年级之外，其他导致他学习不够好的原因

如果孩子在学校里学得很吃力，男孩也好女孩也好，八岁也好其他年龄也好，我们都需要寻求原因。而究竟应该如何判断其原因，这很大程度上跟你生活在哪个历史阶段相当有关系。

❖ 给孩子贴标签很不妥当

几十年前（译者注：指20世纪50年代之前），如果一个孩子不但在学校里学得十分吃力，而且有严重的行为问题，人们很可能给他贴上了一个标签："脑损伤"。也就是说，他的

脑部应该遭到了某种奇怪的损伤，因此导致孩子无法举止正常。结果大多数神经科专家根本找不到脑部哪里有损伤，于是这种说法后来逐渐转了向，变成了"脑功能障碍"。这好像是比较靠谱一些了，但是仍然离问题的实质相差甚远。

大约二十年前（译者注：指 20 世纪 60 年代），针对在学校里学得十分吃力的学生，又有了一个新的术语，叫"学习能力低下"。不少儿童专家认为这个术语比较实际，针对这个所谓的"学习能力低下"的诊断以及治疗后来形成了一个专门的学科领域。

而这个术语让我们感到头疼的地方，是人们往往运用得太不谨慎、覆盖面太广了，给人的感觉就仿佛"学习能力低下"是一件很容易补救的事情，比如说把孩子放到"学习能力低下"班里就万事大吉了似的。

假如你的孩子学习很跟不上趟儿而且被诊断为患有"学习能力低下"，那么你应该再核查一下，孩子学习十分吃力的原因到底在哪里。根据我们研究所的临床经验，大多数来找我们就诊的被别人判定为"学习能力低下"的孩子，其实都是智力正常的孩子，他们仅仅是就读了偏高的年级而已。

然而，也有许多孩子虽然就读的年级没有什么不妥，但还有某些其他原因导致他上学很吃力，比如有的孩子的确不够聪明。虽然有些学校倾向于整体上漠视这样的问题，但是有的孩子的确应该到特殊班级里上课，而不是跟智力正常的普通学生一起上课。

❖ 饮食结构导致孩子学习不好

还有些孩子上学很吃力的原因，常常只不过跟他生理上的问题有关系，只要改善一下孩子的饮食结构，或者避免孩子摄取一些导致他过敏的有害食品，就能帮孩子解决很大的问题。这个原因倒是很能让家长大松一口气，因为我们通常都可以做得到。（译者注：例如，这套系列中《你的 5 岁孩子》第三章讲到，给孩子吃含糖量太多的各种甜食，会导致脑前叶缺乏营养，造成孩子行为激烈、情绪暴躁。）

❖ 视力或感知力导致学习不好

还有一个很常见的原因，是孩子有视力方面的问题或者感知方面的问题。我们要多多关注孩子的用眼习惯，而这也是父母能够做到的地方。孩子的视力检测结果即使看上去很好（20/20 的视力），这也并不能保证孩子有良好的用眼习惯。

（译者注：在美国，"20/20"是一种常见的表达方式，拥有20/20 的视力，即说明当你站在离视力表20米之外时，能看到"正常"人在此距离所能看到的东西，表示你的视力正常。按照米制换算，该标准为6米，因此也称作6/6 视力。）也可能某个孩子真有阅读困难，或者的确在学习方面不够聪慧，因此他在学校里的各门功课都跟不上趟。在20世纪70年代，一位此领域公认的专家、赛缪尔·戈尔，曾针对来自21个州的向儿童服务示范中心报名的3000名"学习能力低下"儿童做了一次调查，结果表明，这群孩子中的大多数只是在阅读、拼写、算术等方面处于中等偏下的水平而已。他指出，这一结果让人难免感到疑惑：这种程度的不良成绩，是否真可以被判定为某种程度的"学习能力低下"。

孩子有情绪困扰的话，也能导致学习跟不上趟，这可以通过心理疗法进行治疗。

❖ 偏科和教学方式不协调也是导致学习不好的原因

孩子的偏科也可能导致学习上的某些困难。有些孩子虽然可能在某些方面天赋很好，因此某些学科表现出色，但是另一些学科却惨不忍睹。

　　还有的时候，老师的教授方式与学生的学习方式不相调和，也能导致孩子成绩不好。比如，孩子的思考方式是形象思维，而老师却习惯用抽象思维方式来教授课程。

9. 改善孩子学习不好的方法

现在，"学习能力低下"这一术语人们越来越严重地过度使用。伯顿·布拉特博士对此评论说："美国人好像爱上了'轻微脑功能障碍'或者是'学习能力低下'这些术语，也就是'脑损伤'这个旧词汇的一种更为流行而且更现代派的说法。"尽管这些新术语的初衷是好的，但是它带来的害处实际上却不见得比好处更少。

不管怎么说，一旦你的孩子（不论现在几岁）感到上学很吃力，作为家长，你一定要想办法，寻求学校专业人士的帮助也好，或是寻求校外私人诊所的儿童问题专家的帮助也好，总之，你要谨慎地查找问题究竟在哪里，看看是孩子自身的身体及智力功能方面有问题，还是他在学校里的适应程度方面有问题。不经过认真仔细的诊断，要想真正能解决问题是很困难的。

不要轻易给孩子贴上一个"学习能力低下"的标签，但也不要漠视一个学习严重落后的孩子。也就是说，不要以为只要让他和其他学习跟得上趟的孩子一起上课，就会出现某种奇迹，能够化解他学习十分吃力的苦恼。

不论是什么原因，简而言之，如果你的八岁孩子真的在学校里学得很吃力，你和学校应该从以下几个方面查找原因：孩子是否应该就读三年级，他真的足够能力应付三年级的功课了吗，孩子是否需要进特殊班级学习，孩子的不良行为以及不当行为是否和饮食不当或者环境中的其他情况造成的过敏反应有关，孩子是否视力有问题，导致他学不进去的原因有没有可能是智商不够高等相关问题。

虽然孩子学习成绩不佳的根源往往不止一条，但是，假如我们没有找到问题的真正原因所在，要想帮助孩子进步，则往往很难做到。

8
Chapter

庆生与游戏协调搭配——

八岁孩子的
生日派对

　　由于八岁孩子向外拓展的天性，生日派对
的筹划最好选择户外活动；也正因如此，他
的生日派对最好有成年人在场，以维持派对秩
序。家长们完全可以放心，现在外面有很多机
构都可以为孩子举行生日派对提供便利，不必
把如此热闹的活动安排在家里了。

1. 事先筹划

首先，我们要牢牢记住八岁孩子的典型特征：向外拓展的天性！风风火火的做派！评估与判断的能力！孩子的这些基本品性，虽然都自有其美好的地方，但是遇到开派对这样的场合，如果没有事先认真计划周详，优点却很有可能变成缺点。因此，关键在于事先的筹划。

❖ 安排户外活动

八岁孩子向外拓展的天性，使得他自然要去寻求并征服新的领域，并且乐在其中。因此，如果派对的承办人愿意的话，八岁孩子的生日派对不妨扩展到小寿星的住宅外面去，甚至带孩子们到附近的保龄球馆或者迷你高尔夫球场去玩。你也可以干脆把孩子们都带出家门，到某家快餐厅或者娱乐中心里举办生日派对。这样做，价钱会更贵一些，但是工作量会减少很多。即使是不出家门，也可以在家里举办一些时兴的、新奇有趣的活动，例如魔术表演，一样能让生日派对圆满成功。

❖ 游戏时间不宜过长

八岁孩子风风火火的做派，则使得他转眼就能玩过了一大串游戏活动。派对中的任何娱乐项目都不可以时间过长，而且最好能给各种不同的游戏提供丰富多彩的道具。

不过呢，他现在具备评估与判断的能力，却又使得他不再像小时候那么容易就心满意足，因此，给孩子提供更为有趣的娱乐活动，就显得十分重要。

❖ 需要成年人在场维护秩序

另外，八岁孩子的热情洋溢，使得他自然是一个理想的派对小客人。孩子大多都带着美好的希望而来，愿意享受你为派对提供的一切，比如你可能听到八岁孩子告诉你说，"我从来不肯错过一次派对！"不过，八岁孩子的生日派对很需要有一个爸爸出面"镇场子"，以确保场面不至于失控，尤其如果是男孩子们的派对（几乎所有这个年龄的小男生都不愿意小女生来掺和），那就更重要了。如果家里没有爸爸，那么最好能请别的男性来帮忙，比方说朋友或者亲戚。如果是女孩子的派对，妈妈也至少还需要一个成年人来帮忙。

风风火火而且精力旺盛，这是好事情。但是，八岁孩子（尤其是男孩子）在派对上这么风风火火而且精力旺盛，则可能很成问题，因此，派对不但需要认真而周详的安排，而且需要安排得节奏足够紧密，更需要家长全方位的督导。不少妈妈事后发誓说"我再也不干了"！这实在是因为小寿星和小客人们把一切都搅得天翻地覆，那可是满屋子的八岁小淘气们在一起胡闹啊。

但是，在一场安排周详、督导严谨、小彩头丰富、规矩条理清晰的派对结束之后，八岁孩子所感受到的，并且热情洋溢地表达出来的那份热忱、享受与感激之情，充分表明了八岁的少年完全可以是一个理想的派对小客人。

2. 成功的关键

给这个年龄段的孩子举办生日派对的成功关键，在于各项娱乐项目要事先计划周详，而且需要安静的活动与喧闹的游戏合理交替。说搭建大型积木是一个很好的活动，不但能带给孩子们一段快乐时光，而且能避免孩子"打成一片"。

❖ 小客人的数量

六到八个孩子是相当不错的名额范围。最好都邀请小男生，或者都是小女生。男孩子很有可能更为反感有女生来掺和，不过女孩子则有一定的可能愿意接纳男孩加入。最好能多邀请一两个小客人备选，因为这么大的少年往往有忙不完的事情，到时候有可能某些客人没办法到场。

❖ 成年人的数量

八岁孩子的生日派对需要三个成年人：一位爸爸（或者其他成年男性）、一位妈妈，以及一位驾驶助手。

❖ 时间安排

这个年龄的派对，既可以安排在早晨（如果是在周末），也可以安排在下午。最好的时间段是下午四点到六点之间，中间包括一次茶点时间。

4：00～5：00　预先安排好的户外活动时段。派对一开始就带孩子们出去玩。如果需要等待的话，不妨让孩子们看看漫画书。既可以带他们去保龄球馆、迷你高尔夫球场，也可以在家门口的停车道上打打高尔夫球。（译者注：在美国，家家户户都有汽车，因此任何家居都有一段从马路到自己家车库的停车道。孩子玩高尔夫球的地方不是在马路上，而是在属于自家院子的场地上。）这一项娱乐活动不需要给孩子准备小奖品。

5:00～5:30　回到家中。可以利用这个时段拆看礼物，然后来一段魔术表演，或者其他不超过半小时的游戏。

5:30～6:00　茶点时间。可以给孩子们提供汉堡包、热狗、圆面包、生胡萝卜条、炸薯片、花生、牛奶（用吸管）、冰激凌、冰棍等，还有生日蛋糕。这时可以分发给孩子一些小惊喜，例如一串连环套，孩子既可以自己把玩，也可以拿来跟小伙伴交换。这时孩子之间自然而然出现不少交谈，不过也有的时候需要成年人稍微挑个头。屋子里如果能有些妆点，尤其是气球，会很烘托气氛。

6:00　派对在茶点桌上结束。这时候不太可能出现混乱场面，因为孩子吃过东西之后一般都会比较安静。在孩子们等待离去的这段时间里，不需要另外安排什么活动。有些家长会打电话来给孩子，有些小客人可以自己走回家。需要等父母来接的孩子可以看看电视。

3. 温馨小提示

❖ 计划和指导

前面已经讲到，八岁孩子的生日派对，尤其是小男生的派对，一定需要认真细致的计划和督导，否则很可能出现一派胡闹的失控局面。八岁的少年郎不但相当能闹腾，而且很能嚷嚷，因此，每时每刻都要在计划当中！还有一个很要紧的地方，那是你要为某些早到的小客人预备一些活动。（他们可能提前一个小时甚至一个星期呢。所以，需要你做好相应的安排。）还有，假如你预约了一位魔术师可是他来得晚了，那么你要预先准备好其他替代活动。而且，所有的游戏活动你都要安排妥当，需要用到的道具也一定要预备齐全。

❖ 传统游戏

如果需要临时找一些活动来填补时间空当，那么球类活动、电动小火车、在地毯上玩摔跤等，都是很好的游戏。你也可以来一段传统节目，例如瞎子摸驴尾巴（译者注：墙上贴一张纸，画着大尾巴的驴，孩子站在两米外蒙上眼睛，伸出手，走上前去，看能不能摸到画着尾巴的地方），或者是这一老传统的新花样。给孩子蒙上眼睛，似乎能让这一传统游戏变得更加有趣；而孩子摸"尾巴"摸到了错误的地方时，往往能惹起一通爆笑。

❖ 魔术

至于说到请魔术师，如果你真打算请，那么一定要请一个高明的魔术师，否则的话还不如不请，因为八岁的孩子不但非常挑剔而且非常多疑。一个高明的魔术师一定要先用一些安静的（而且巧妙的）把戏来赢得孩子的配合，打消孩子对他的疑虑。这个年龄的孩子最在意的不是被魔术师的魔法镇住，而是非常愿意出马担任魔术师的小助手或者小道具。有一位很有名望的魔术师曾经这么评述八岁的孩子："你哪怕从一个小小的盒子里面变出一头大象，也不会比你从他朋友的耳朵背后掏出五毛钱来更让他感到惊讶。"

如果你不打算请魔术师或者其他艺人师傅，那么也不妨给孩子提供一些预先安排好的活动，比如游戏棋类竞赛，拼图也不错。派对上的这类游戏均不可以拖得时间太长，保龄球不应该超过 45 分钟，魔术表演等不要超过半个小时。

在八岁孩子的生日派对上，问题主要可能出现在刚开始的时候。随着派对的进行，小客人们会逐渐放松下来，到了派对该结束的时候，尤其是孩子们在派对上都玩得很开心的话，他们往往愿意这时候做些什么来取悦成年人。当大家纷纷离去的时候，八岁的少年很有可能会对你说些很暖心的话，"这是我这一生当中最为快乐的一次体验。"

在孩子的七岁生日派对上，你需要为他们准备一连串的不同游戏；但是在八岁的生日派对上，你可以把时间段分化成几个大块，每段时间只需安排一种相对复杂的活动就好。

❖ 小女生的派对

其实小女生的派对你也可以用和上面差不多的形式来举办。女生派对和男生派对最大的不同，就在于女孩子的派对一般不必那么担心会天翻地覆。她们也可能会玩些相当荒唐的把戏，但是不会像男孩子那般粗野。如果保龄球是备选游戏之一的话，女孩子也一样会玩得很尽兴。

4. 不在家而在外面举办派对

如今，几乎每一家公共场所之内都有了专门服务，为不同年龄的孩子在外面举行生日派对提供便利。小客人们可以先到小寿星家里集合，各自告别父母之后，就可以由主办人一起开车送到举办生日派对的地点。这样的生日派对常常有许多不同的选择。

带一群孩子去餐厅、去娱乐中心，各种档次的价格都有，这就看对方提供哪些服务了。有些地方不但能为你提供娱乐活动、食物，还能为你提供所有需要的纸类精品，包括邀请卡。到一家快餐店去的话，对方不但可以为你提供派对小惊喜（气球、小彩头），还可以提供一个派对主持人负责陪孩子们玩，更不消说餐厅里提供的各种汉堡包、炸薯条、饮料、蛋糕等。

在保龄球馆里也可以，一般按每一道每小时多少钱计算，费用通常包括了小客人在球馆里穿的鞋子。球馆里也有可能提供玩球一小时然后在球道后面的场地里聚餐 45 分钟的服务，只不过你需要自己准备点心和食物。

在青年健身馆里也可以，先让孩子在游泳池里玩水一个小时，然后到健身馆的厨房里去聚餐，那里有桌子、椅子、冷藏箱、冰冻箱，还有炉子。而且，青年健身馆的收费十分低廉。

你是否也遇到过这些麻烦？——

源自家长们的
真实故事

不同的孩子在成长的过程中会表现出一定的规律和特点，很多孩子在同一事件出现了同样让父母棘手的问题。为了帮助父母解决这些问题，我们特意挑选了一些有代表性的家长来信进行分析，相信对读者会有所帮助。

编者注：这一章的内容，全部摘自当时的报纸专栏，由本书作者们，也就是"格塞尔儿童发展研究所"的资深儿童研究员们，应答家长们在养育过程中的苦恼。人们尊称这些资深研究员为"博士"，他们也都是货真价实的大牌博士。这一本书的读者来信统统指向本书作者之一的埃姆斯博士。

1. 孩子无时无刻不在纠缠妈妈，这可怎么办？

读者来信

亲爱的埃姆斯博士：

我有一个八岁的女儿梅丽莎，半年前她爸爸去世之后，从此缠上了我。除了上学之外，她不允许我离开她的视线。她既不肯跟别人一起出去看电影，也不怎么肯跟朋友一起出去玩。整天就吊在我身边，跟着我满屋子转悠，要我陪她说话。

我担心她是否患上了对母亲的依附症或者固恋症，因为我觉得这挺不正常的。请问，我应不应该带她去寻求心理医生的帮助，以消除她对我的过分依赖？

专家建议

针对我们所知的八岁孩子典型行为，你的来信正好给出了一个非常贴切的实例描述。这个年龄段的孩子的确会实实在在地缠住自己的妈妈，他在这段时间内对这份深切的情感关系的需求，不但很深而且很强烈。这时候，不但妈妈的反应对孩子来说十分重要，而且他自己对此的想法也十分重要。

八岁的少年是如此强烈地渴望贴近妈妈，以至于他常常就"陷入"了妈妈的"泥沼"之中。很多母亲都发现，假如孩子觉得自己被关在了母子感情关系的大门之外，那么他甚至情愿跟妈妈打一架，也不愿意妈妈不搭理他。

如果这种强烈的感情索求是源自孩子父亲的离世，而且已经很明显延续了好几年，那么这种现象的确值得当成一种危险信号而加以警惕。但是，这样的索求出现在八岁孩子的身上，我们并不认为有什么危险，因为太多的八岁孩子有这样的行为，这实际上就是孩子成长过程中的一个正常阶段。

如果你能够明白，孩子的这种感情索求，其实是孩子在走向情感成熟过程中非常重要的一个部分，哪怕是那些不曾经历失去亲人之痛的普通孩子也是这样，那么，给予梅丽莎她所渴望的感情需求，你就会觉得容易得多。现在，梅丽莎的确需要额外关注；等到了下一个成长阶段，她自会转而寻求朋友对她的关注，可是现在，她需要的是妈妈。

一个孩子如果失去了父母中的一位，那么寻求心理辅导以帮助孩子度过这一段艰难岁月，的确是一个明智的考量。假如你觉得心理辅导对梅丽莎会有帮助，那么，请你想办法尽量去寻求这方面的帮助吧。

2. 儿子桀骜不驯，
让妈妈十分苦恼，该怎么办？

读者来信

亲爱的埃姆斯博士：

你所描述的八岁孩子的行为特征，我读了一遍
又一遍。我们家的情形简直就是活生生的教材！而
最让我苦恼的地方，却是孩子的桀骜不驯，每当我
必须要出面纠正我儿子的不良行为，或者不允许他
伤害自己、伤害别人以及损坏别人的东西时，他都
会显得恨我入骨，而他这样的不当行为却又是一整
天随处可见。每当我去纠正他，他都会朝我咆哮，

说我一点也不爱他，一点也不愿意他快乐起来，而我则最终往往不得不做出让步。可是事后我又会恨我自己不能坚持自己的原则。

他是一个很敏感的孩子，对许多事情都有很强烈的感受。他爱他的爸爸，懂得感恩，尊重爸爸的威望。可是他对我的感情却让人觉得如此苦涩。然而，即便如此他却也不允许我离开他的视线。星期六他常常跟他爸爸一起去爸爸的办公室，这让他非常开心，而且他能够从早到晚举止得体，每时每刻都想让他爸爸开心。

他是一个机灵而聪明的孩子，很多方面都显露出他敦厚而善良的心地。可就是一旦我必须对他说"不"的时候，却总是撞上他滚滚洪流般地对我这个当妈妈的非难，说什么"你是我见过的最刻毒的人……你从来都不关心我想要些什么……"诸如此类。

我是不是应该寄望于未来他九岁时的好转？我现在能不能做些什么，好让他明白，这个世界，尤其是他的妈妈，并非专门跟他作对？

专家建议

你儿子的状况，其实有很多可喜的地方，而最让人欣慰的，理所当然就是他和他爸爸之间非常顺畅的父子关系。这一点是帮助他度过八岁这段艰难岁月的最重要的保障。

相信通过反复阅读你已经明白，八岁孩子跟妈妈的关系十分纠缠不清是正常现象。这是孩子在他的成长过程之中，对妈妈的感情最强烈、最深厚、最多索求，也最为纠结的年龄段之一。孩子偶尔对妈妈表现出来的看似强烈的仇恨，往往标志着他依赖于妈妈的强烈程度。即使到了九岁，大多数孩子也只不过稍微能比现在更容易放过她妈妈一点点而已，什么都迁怒于她的情形也稍微比现在少一点点而已。

要说这时候妈妈最应该做的事情，是充满爱心地接纳他，接纳你处于八岁年龄段的儿子对你相当恼人的无情。只要他的行为不算是太过分，请一定竭尽你之所能去理解孩子。但是，一旦他又拿你当"撒气筒"，那么你要让他看到，你不为所动，而不是气急败坏。如果他发现折腾你的结果是你完全不为所动，他自然就会觉得了无意趣。

毫无疑问，这样的"双轨制"你很不容易驾驭得当。一方面你要在他攻击你的时候坚如磐石，另一方面你又要让他知道你满心柔软，真诚地喜爱他、理解他、同情他。八岁的这个年龄段已经够纠结的了；如果你再添上一层纠结，那肯定是更无助于事。

在今后的几个月里，你最好把孩子交给他爸爸，或者尽你所能让他离开家一段时间。当你需要陪伴他的时候，尽量选择那些能让你把心思和时间百分百都放在他身上的场合，而且尽量陪孩子一起做一些正面的、有益的事情。

3. 孩子又好战，又撒谎，还成绩不好，父母十分苦恼

读者来信

亲爱的埃姆斯博士：

我和我丈夫是一对大龄父母（都已经过了不惑之年），有一个八岁的儿子，名字叫马修，他有好几个在我们看来是很严重的问题。这里我来列举几项他的不良行为：他在学校里功课很不好，不是因为他能力不够，只是因为他不够专心。而且，他又好战，又撒谎，又欺瞒。他对我们给他的惩罚非常反感，会跟我们狠狠对抗。如果我们批评他，他不

但会提高嗓门，还会撇嘴，做出一脸的不屑。他做起坏事来，我们若不动用武力去制止他，他就根本不肯收场，而且即便我们已经上前制止，他也要把那件坏事"再做一遍"。他在餐桌上毫无仪态，吃一顿饭我们不得不念叨他好多次。

专家建议

假如我们告诉你说，马修的确需要儿童心理专家的额外辅导，那么事情一定会显得更有戏剧性。但是，我们不得不这么告诉你：马修的行为并不比我们所知道的许许多多的十分正常的八岁少年糟糕多少。

孩子是家里的独生子，而父母年龄又过了四十，这种情况下有时候父母给予孩子的压力会出乎你意料的多。当然，我们的意思并不是说造成孩子不良行为的原因就是你，我们只是觉得，假如这时孩子是一个十多岁的少年，或者你们夫妇俩假如能年轻好几岁，那么孩子的某些叛逆行为也许就不会出现。

许多孩子在这个年龄都会有马修这样的行为，等他们长到了十岁，会变得平和一些，但是随后又会有一连串的波动，构筑成他们青春期的路途。我们认为你应该做的第一件事，是在大家吃饭的时候能稍微放过你儿子一些。我们并非要你娇惯他、溺爱他、允许他随心所欲；但是，请思考一下，你们给孩子的命令、指令、要求当中，有哪些其实是可以放得下的。也就是说，把你们对孩子的要求降低到最低限度，然后，这些个最低要求你们则一定要彻底贯彻执行。

至于说孩子撒谎，请你们尽量不要给他能撒谎的机会。比如说，不要去问他衣服是否挂好了，手是否洗干净了。这类日常作息之中的行为，许多男孩子都会用谎话搪塞父母。还有，如果你发现不能放心他帮你们给老师递条子、送资料、交钱等等，那么请你跟孩子解释说，以后这样的事情你会自己来做，等他再长大一些，变得更值得信赖之后，你还是会愿意让他承担这些任务。

关于他在学校功课不好这一问题，因为我们无法和孩子当面交流，因此也无法明确答复你为什么他的功课如此糟糕。不过，我们能够告诉你的是，根据我们多年的临床经验，大多数功课不好的孩子通常都有他的客观原因，所以他才会学得一塌糊涂，而这客观原因就是孩子升学不该升那么高。请问你真的确信你的孩子应该就读三年级吗？一个八岁半的孩子很可能只胜任二年级的功课。许多男孩子都会是这样，虽然有能力胜任学校的功课，但是不见得能够胜任所有他所处的年级对他的要求，马修可能也不例外。

4. 孩子满心惶恐，不肯离开妈妈，该怎么办？

读者来信

亲爱的埃姆斯博士：

我的儿子肯尼思很快就要满八周岁了，他最近忽然从一个开朗的孩子变成了自寻烦恼的人，而且成了一个真正的小黏乎。他一天到晚满腹怨言、满心惶恐，狠狠纠缠着我半点不肯放手。我走到哪他跟到哪，对我依恋得要命。早晨上学的时候他非常不愿意离开我，晚上睡觉的时候他也怎么都不肯放我走。他说他害怕半夜有什么来抓走他。

我怎么样才能让他不要那么害怕上床睡觉，能让他早晨上学时开开心心离开我，也能让他不要时时刻刻黏着我？他姐姐觉得他的惶恐不可理解，还借此来嘲弄他。

专家建议

你的来信对我们来说很有意思，因为肯尼思非常明显地展示出了集七岁和八岁特征于一身的奇特现象。这对孩子来说很难应付，对你来说也很棘手。通常情况下，孩子往往会先摆脱了惶恐而焦虑的七岁特征之后，才陷入对妈妈的纠缠与感情索取之中，成为一个不容妈妈离开半步的八岁孩子。

首先，关于上学，你当然应该很坚定地让他明白上学是不容商量的事情。不过他可能也有一定的道理认为上课的时间太长了。你能不能和学校商量一下，就像对待许多年纪更幼小的孩子那样，让他每星期有一个下午可以不用上课？比方说，星期三的下午。

其次，关于他太离不开你的陪伴这一点，我们的建议是你能否也回到以前他更小时候的做法，给孩子一段亲子时光？很多年幼孩子的家长都会每星期专门抽出一定的时间来，划为孩子的"专属时间"。你不妨就把星期三的下午定为你们的亲子时光。他可以预先计划好到时候你俩打算怎样一起享受快乐，比如有哪些好吃的零食，哪些好玩的地方。

早晨去上学的时候，如果你能给他一封"秘信"，让他装到口袋里，到课间休息的时候拿出来看，这有可能会让他跟你的"离别"容易一些。除了纸条子，其他东西也可以，总之是能够让他觉得你心里特别装着他的东西就好。

这种做法，看上去像是你在纵容他这么不讲道理，然而，实际上肯尼思现在是真心觉得自己十分孤独、柔弱、没人疼爱，真的特别依赖于你。若你真的肯满足他的一部分要求，比如让他少上半天学，多出半天跟妈妈的亲子时光，那么你随后需要逐渐跟孩子解释清楚，这么过一小段时间之后，他自然会变得不再如此依赖于你这么多的帮助和爱护。也就是说，你要让他很明确地知道，所有这些对他的额外宽容都只是一时的举措。

至于他的姐姐拿他来取笑，这的确会让他很难受。可是，从某个角度来说，这也是家庭生活的好处之一。即使父母可能会针对孩子的某些弱点而给予额外的包容，但是家里的兄弟姐妹却又能让他知道，这世界上并非所有的人都会愿意让着他。这些声音能让他感受到清爽而且有益的真实现实中的空气，虽然他作为一个被取笑的人本身很少会以赞许的眼光来看待这一点。

5. 孩子离不开他的毛绒狗，父母应该怎么办？

读者来信

亲爱的埃姆斯博士：

　　我要跟你说说我那八岁的孩子。他从小就是一个精力无限的小宝宝，让他睡觉一直是一个很让人头疼的问题，一旦他睡着了以后，我们真的必须蹑手蹑脚的才行。我们的朋友和亲戚都说我俩应该让孩子习惯噪声就好了。可问题是，他们听不见，而我们却必须在每次有什么噪声吵醒了这孩子之后，听他好一通号哭。

他还是一个很不能适应新情况的孩子，任何事情都最好在最后一秒钟才告诉他，让他完全没有机会临场退缩才行。可是，我们有些好心的朋友，曾经在他上学之前跟他描述学校多么好，上学多好玩。这时他眼睛里立刻就充满了戒备的神情。人家要是继续说下去的话，他马上就泪水涟涟，嚷嚷着他不要去上学。现在他已经是三年级的学生了，而且也是一个让老师头疼的孩子。每年秋天刚开学的那些日子里，他都动辄为了鸡毛蒜皮的小事掉眼泪。老师说，只要他肯把自己拴在椅子上，肯专心学习，那么他有能力学好功课。

他从还未离开襁褓之际就习惯了搂着一个毛绒狗上床睡觉，而且喜欢把他的脸在上面揉来揉去。这个毛绒狗的确有助于他安睡，可问题是现在他连看电视也离不开它了似的。我丈夫最看不顺眼的事情，就是那么一个大块头的小伙子，却把脸埋在毛绒狗的身子里蹭来蹭去。最近我们还拿这件事情小题大做了一番。可是，自从我们借此给了他一定的压力之后，他在学校里变得嘴巴更闲不住、屁股也更是坐不住了。请问我们是不是应该把他的毛绒

狗还给他？他有没有可能哪天终于自己能放得下他

的毛绒狗？

专家建议

你的儿子无疑有他很独特的而且很有趣的个性。我们认为你很了解自己的孩子，很明智地从小保护了他不受噪声的打扰，不让他预知将要发生的事情，以免除他无谓的烦恼。实际上，你的信非常清晰地指出了一个重要的关键，那就是父母比任何旁人都更懂得自己的孩子，因此应该坚守自己的观点，而不要轻易听取别人的建议。朋友们告诉你说应该让他习惯噪声，可是你知道孩子还受不了这一点；朋友们告诉你说应该提前告诉他将要发生一些什么事，可是你知道孩子需要你保护他不受此困扰。像他这样的孩子，其实还需要比普通孩子更为长久的保护。

现在我们来谈谈他对毛绒狗的依赖。我们十分理解你丈夫对他这种行为的反感，可是，我们认为你家孩子目前仍然需要这份慰藉，而且要等到他的其他紧张情绪都得到了舒缓之后，你们才可以和他一起拟定一个计划，寻找一些孩子可以接受的替代物，帮助他摆脱对毛绒狗的依赖。比方说，给他一块橡皮泥，他一边看电视的时候可以一边在手里捏着玩；或者看他会不会喜欢买一个小兔幸运符，让他揣在兜里，这样就不需要随时抱着他的毛绒狗了。有些孩子的确非常依赖这类柔软的、毛茸茸的东西，这虽然听上去可能有些古怪，但事情有时候真就如此。

6. 小女生丝毫不讲究整洁，
妈妈为此成天和孩子铆着劲儿

读者来信

亲爱的埃姆斯博士：

我目前跟我八岁的女儿梅根一起，陷入了一场
没完没了的战争之中。她不但不肯把自己的屋子收
拾干净，更是坚决不肯收拾任何一件东西。玩具随
处乱扔，书本从来不往书架上放，衣服更是满屋子
都是。我们为此无休无止地争吵。

我跟我两个大孩子之间从来没有有过这样的问
题。老大是一个男孩子，因此自然应该我跟在他屁

股后面收拾东西；老二是十二岁的女儿，虽然也不算太整洁，但也还过得去。就是这个小女儿，现在我已经实在拿她没办法了，只好来找你。

专家建议

你的信让我们想到了好几个很重要的事情。首先，妈妈通常来说跟女儿之间的战争要比跟儿子之间的战争更多，因为她一般不会对儿子有太高期望。你儿子并不是家里爱整洁的孩子，可是这却并没有给你带来困扰，只因为你其实没有指望他能爱整洁。

其次，这封信让我们看到，一个孩子是不是一个懂得讲究整洁的孩子，这并不完全是教养的结果（孩子的其他许多行为也都是如此）。你的大女儿天生就相对讲究整洁一些，因此你和她之间也没什么大的冲突。

你的小女儿却是一个很不讲究整洁的孩子。跟你对儿子的态度完全不一样，对她，你则决定要好好要求她。然而，你努力的结果是劳而无功。

我们也跟你一样，喜欢整洁。但是，有时候你最好要知道哪些战争你肯定打不赢，至少暂时你肯定赢不了。假如你必须花五倍的力气才能指使她把自己的大衣挂起来，那还不如你自己去挂为好；假如不论你花多大力气她都根本毫无改进，那还不如干脆放弃你的努力更为明智。现在放下这件事，等将来再找机会试试看。

有些妈妈曾尝试建立一个罚款机制来敦促孩子收拾，以求至少达到可以勉强接受的程度。比方说，发现一件衣服放得不是地方，罚款若干；或者发现孩子把不该放在客厅里的东西忘了客厅里，罚款若干。只不过，类似这样的罚款机制，一般来说坚持的时间都不会长，刚开始的时候还收效不错，但是到了后来，妈妈逐渐忘记坚持罚款原则，于是家里很快又恢复原状，一片狼藉。

如果你觉得能够做得到，你不妨目前只对梅根提出一两点小的要求，而其余的绝大部分杂乱，你则跟她说暂时不必收拾，因为你明白她现在尚小，还没有足够的能力做到你所要求的真正的整洁。你还可以尝试一下跟她讨价还价，比如说，假如她能把自己的大衣挂好，而且玩好了玩具之后能做到不把玩具随手扔在客厅里，那么你就同意她不必收拾她自己的屋子。至少现阶段维持这样。

还有一个传统的老办法你也可以试试看：和孩子一起收拾屋子。来一点小小的"哥们义气"会大有帮助，而且，你也许因此而发现孩子其实很喜欢这么跟你一起做事情。这个办法的效果，也许比你强迫她自己去收拾屋子要好很多。

7. 孩子喜欢用左手，
   请问该不该纠正？

读者来信

亲爱的埃姆斯博士：

　　我有一个困扰，以前从未见你的专栏讨论过，不知你能否帮帮我。我八岁的女儿阿曼达是一个左撇子。我自己不觉得这有什么不妥，我认为某些孩子左撇子这是再正常不过的事情了。但是，我丈夫却一直对此嘟嘟囔囔，包括当着孩子的面，似乎他很受不了这一点。假如她用右手拾起了球，而且还用右手扔了出去，那么他就要责问她，既然能用右手玩球，为何不能用右手写字。

阿曼达是一个少有的聪明孩子，一直在班上名列前茅。但她同时也是一个非常敏感的孩子，非常在意她的同伴们是否喜欢她。正因为这一点，我实在担心我丈夫对她的嘟囔是否会对她产生负面的影响。有一天下午，阿曼达花了15分钟完成了她的作业之后，又花了整整一个小时，挣扎着练习用右手写字。

目前这种状况已经快要让我的神经崩溃了。过去数年来，为了能维系餐桌上的和谐气氛，我一直克制着自己，在我丈夫嘟嘟囔囔的时候努力咬住我自己的舌头。他要么唠叨阿曼达，说她拿餐刀切肉时又用错了手；要么唠叨我，因为我要照顾幼女吃饭，帮孩子用餐叉叉好了食物之后，又忘记了要刻意放在孩子的左手边。他责怪我现在又要把小女儿也培养成一个左撇子。

专家建议

你其实说得不错，你女儿是一个左撇子，这根本不是一个问题。真正成问题的是你丈夫拿这件事情当回事，而且太当回事了。若要让成年人改变自己，这会非常困难，我们当然理解这一点，但是，如果你丈夫能够意识到他对孩子的伤害有多么厉害，也许他也能做到咬紧他的舌头，尤其是每当他又忍不住要责怪孩子是个左撇子的时候，忍住不再说。

你应该向阿曼达保证，她喜欢用她的左手就用好了，那完全不是个什么事儿。有的孩子在很小的时候就会显露出双手同时运用的倾向，如果是这种情况，父母倒是可以帮助孩子多使用右手，少使用左手，这不会对孩子造成什么伤害，尤其是在吃饭的时候可以这样做。在这种情况下培养孩子改用右手，一方面最为众说纷纭，因此父母最是左右为难，不过，另一方面这种情况下帮孩子纠正过来也的确不算是太困难。

但是，到了阿曼达的年龄，用右手或左手的习惯则早已经形成。根据她的情况看来，她用左手的偏好应该很早就显现得很清楚。也就是说，她是天生的左撇子。你甚至有可能回忆起在她只有几个星期大的时候，如果你让她平躺着，她可能更倾向于把她的头往左边偏，或者她左边的胳膊动得更多。如果你和她爸爸一起翻翻她婴儿时期的旧照片，你也许能注意到这一点，而他爸爸则也许因此更有可能改变他的态度，明白阿曼达其实从一出生就是一个这样的孩子。跟老师约谈一次，也应该能够有助于你丈夫接纳他女儿是个左撇子这一事实。

8. 孩子八岁了还尿床，
请问该怎么办？

读者来信

亲爱的埃姆斯博士：

　　首先我们感谢你在最近的专栏文章中指出，并非所有尿床的孩子都是因为"情绪困扰"。这种论调我们实在已经听腻了，所有的人都说我家八岁的孩子艾瑞克仍然尿床就是因为他患有"情绪困扰"。

　　艾瑞克今年八岁，三年级。他其实不该上三年级，不过勉强能拖得过去。他通常入睡后两个小时会第一次尿湿，凌晨三点会再尿湿一次。他是一个睡得很沉的孩子，多年来我们一直尽量在前半夜叫他起来上厕所，而他起来之后常常找不到厕所在哪里，上厕所之后又找不到他的床在哪里。我们家的亲戚当中有很多个尿床的孩子。

　　我们都受够了这一苦恼，十分渴望能有办法解决问题。但是如果你认为我们应该继续等待的话，我们愿意再忍受一段时间。我们已经请教过了泌尿科专家，他告诉我们说孩子身体并没有显露出任何毛病。

专家建议

　　你们面对的问题显然十分棘手，因为你的孩子虽然已经八岁了，可是仍然入睡后两小时就会尿床，而且凌晨三点又尿湿一次。再加上他是睡觉如此沉的一个孩子，更何况你们家庭中的孩子素来有这种尿床现象，这的确棘手。

　　如果是针对年幼的孩子，我们的建议往往是让父母在孩子入睡两三个小时后唤醒孩子起来上厕所，因为如果这么做能保证后半夜干爽的话，这就是很值得做的一件事情。可是，如果保证不了，那么这么做就并不值得。

　　既然艾瑞克现在的尿床规律仍然属于四岁以前孩子的规

律，也就是前半夜后半夜都会尿湿，这说明他的器官系统看来需要相当长的一段时间才能达到通夜干爽的成熟度。他现在已经超过了我们通常认为孩子夜间应该能控制好膀胱系统的最大时间限度，因此，应该是时候用尿床治疗仪了。你可以尝试一下目前市面上比较好的尿床治疗仪，比方说孩子遗尿时就立即引动蜂鸣器的那种装置。以我们的角度来看，使用尿床治疗仪，其实并不是因为它能治愈某种疾患，而是它能给孩子的器官成熟加上一点推动力，帮助正朝着成熟的方向发育但尚未达到应有的成熟度的身体机能，以推进其早些成熟。

我们也建议你和学校商量一下，看是否有可能让孩子回到二年级，希望这么做能削减孩子每日的功课要求和学习压力，从而帮助孩子能自己做到通夜干爽。这两件事情虽然表面上看来毫不相干，但是，夜间尿床不仅仅是孩子身体不够成熟的结果，有些时候还可能是孩子的身体对生活中过强压力的一种反应。

我们这里有两封妈妈来信，儿子终于不再尿床，让这两位妈妈终于松了一大口气。

第一封信：

拜读了你在报纸专栏上建议的尿床治疗仪之

后，我回家跟我八岁的儿子蒂米商量，不想他立即满心向往地拿出了一份邮寄广告杂志给我看，上面有一个类似的产品。既然你推荐的东西看来和他自己选中的东西差不多，我们于是邮购了他要的那一种。他等得那叫个急不可待！

第一个星期，我们在手忙脚乱的收拾以及满心的失望中度过。蒂米夜里要起来三次关闭蜂鸣器，而我则忙着替他把尿床治疗仪弄干净。但是，这么手忙脚乱了两三个夜晚之后，我们居然迎来了偶尔的通宵干爽。到了满一个月的时候，他已经创下了连续12天通夜干爽的纪录。他长这么大以来，从来没有哪一夜不曾尿湿过！

在真正拿掉尿床治疗仪之前，我们决定拔掉电源，再试验一个星期看看。结果这一个星期里的第四天和第六天他又尿床了。孩子非常生自己的气，但是我们对他说，和过去相比，他已经有了多么巨大的进步，而他的进步已经是多么神奇的一件事情。他于是平静了下来，抱着再试试看的心情，又重新朝着7天不尿床的目标努力了一次。这一次他完胜。如今那个小玩意儿已经被他束之高阁，里面的电池也被他拆了出来用在别的地方。我们全家为之欢欣鼓舞。

第二封信相对简短一些，同样讲述了从一开始的忙乱到后来应该算是相当立竿见影的效果：

我们让八岁的儿子杰夫试用了你在专栏文章中提及的尿床治疗仪。第一天夜里那蜂鸣器吵得他心烦意乱，呜呜声一响起来，他就恨不能钻到床单底下去，用手捂着耳朵，蜷起腿来，以为这样就能躲开那吵闹的声音。

我于是教他怎样自己用手去关掉蜂鸣器的开关。到了第二个星期，他已经会自己关闭蜂鸣器的开关了。等第二个星期结束的时候，他已经能够通夜干爽了，不过我们仍然继续使用了一个星期，以防万一。

在这段日子里，他的爸爸和他的兄弟姐妹们都一齐鼓励他，每当他赢得了一夜干爽之后，大家都来夸奖他，给他一个金色的星星。我将永远感激你的那篇关于尿床的专栏文章，因为这篇文章改变了我们整个家庭的氛围。

9. 儿子最近变得害怕上床睡觉，我该怎么办？

读者来信

亲爱的埃姆斯博士：

我八岁的儿子，大卫，夜里不敢一个人睡在他的卧房里，哪怕我给他留着夜灯也没用。他说屋里有些类似于机器人的人，还有长着又大又黑的眼睛的小人，在到处撵他。这些并非都是他做的梦，因为他常常还没有睡着就惊恐不安地窜进了客厅里。在这样的夜晚，他会跑到我的床上跟我一起睡，这时他立即就能睡着，而且一觉睡到大天亮。开始的时候这样的现象只是偶尔出现一次，但是最近却变得几乎每天夜里都如此。

大卫是一个聪明的小男孩，在学校里一点也没有问题，除了晚上睡觉以外他一切都很好。他和小朋友相处愉快，喜欢玩游戏，喜欢所有小男孩喜欢的活动。他是我家五个孩子中的老小，以前其他几个孩子从未让我遇到这样的麻烦。对了，我还应该告诉你，这个问题是最近半年才出现的。我陪着他，跟他聊天，安慰他，都不起作用。

另外，我注意到你们的其他著作中说到，八岁孩子通常都是一个不错的"小吃客"。我家大卫从来就不是一个好胃口的"小吃客"，我再怎么精心烹调对他来说都完全没有意义，这么多年来他从来都搅得我们吃饭时个个败了胃口，一直到我最近改变了策略：我试着只给他吃他觉得能接受的食物。

专家建议

你儿子的行为看来更像是七岁孩子的表现。许多七岁孩子的确会经历一段短暂的惧怕期，夜里非常害怕上床睡觉。他们会以为衣橱里藏着鬼怪或者强盗，墙上的影子也能吓着他们，还有就是害怕有什么动物要来伤害他。

在大多数情况下，这个问题本身并不值得太多的担心。也就是说，只要没有其他的综合症状，而且时间延续得并不太久，则不必太担心。针对很年幼的孩子，我们有时候不妨假装帮孩子驱赶动物或者鬼怪。如果你儿子是一个比较富于幽默感的孩子的话，你也可以试试这个方法。要不的话，给孩子枕头底下放一个手电筒，也能起到不少作用。首先你要让孩子看清楚，衣橱里、床底下什么都没有，然后你离去之前，给孩子留盏夜灯，以及一个很容易拿到的手电筒。

你不必一定要说服孩子其实没有什么鬼怪，这样的争辩没有实际意义。你只需要给予孩子一定的同情就好，注意不要太过于同情。同时也要给孩子提供一定的证据，让他看到自己其实是安全的。做到了这一切，剩下的事情就看孩子自己了。不过你也要做好心理准备，孩子还是会有时候需要跑到客厅里去，甚至跑到你的卧房里去。

　　这类的骚扰通常并不是源自梦境，而是出现在孩子将睡未睡之前，或者半梦半醒之中。毋庸置疑，如果这样的恐惧一直延续下去，而且问题越来越严重，那么你也许需要带孩子去看看医生。但是，实际上很少会是这样的情况，孩子大多数都是再长大一点就自然会走过了这一阶段。

　　至于说到孩子的饮食，我们的确发现许许多多的"小不肯吃"到了八岁的时候胃口会好很多。按照你家大卫的情况，我们希望他九岁的时候能够出现改善。我们也听到好几个其他家长说，他们的孩子到了八岁也并没有什么改善。其实，孩子的食欲我们是没法替他打包票的。有些孩子实际上一生都不会有什么改善，一辈子都是那么一副又小又挑剔的胃口。

10. 我儿子和我一样，夜夜难以入眠，有什么办法吗？

读者来信

亲爱的埃姆斯博士：

　　我儿子托尼，今年八岁，是一个很神经紧张、很警觉、也很好动的孩子，而且我们一直有一个很严重的睡眠困扰。哪怕傍晚的时候他安静了好长一段时间，也照样很不容易入睡，常常要在在床上翻来覆去地折腾到夜里11点或者11点半才能睡着。请问有没有什么办法能帮助我解决这一睡不着的苦恼？你能不能至少给我一点点慰藉？我也一样，一辈子都这么苦于无法入眠。

托尼是一个脑瓜子闲不住的孩子，他哪怕一边看电视，也必须一边翻阅一本漫画书、搭建积木，或者玩他的卡片。我是不是应该干脆随他自己在小屋里玩，一直玩到他困倦，而不是在黑夜里折腾很久？

专家建议

你儿子的问题真的是一个问题。（你曾经给我来信说他有尿床的毛病。）这说明他的身体还不够成熟，因此他要么在这方面遇到些困难，要么就在另一方面遇到些问题。

而且，托尼听起来像是一个长形孩子（瘦削的孩子）。这一类型的孩子通常是最不容易入眠的人。我们相信，只要你们母子双方都能够认识到托尼的个人基本特性，能够理解有些人的确在睡眠方面有些麻烦，明白这其实是正常现象，那么无论如何你俩都一定会因此而有所收益。

根据你的描述，托尼的睡眠时间肯定比像他这么大年龄的男孩子少很多。但是请记住一点，不同的人对睡眠的需要会有很大的差异，有些人对睡眠的需要比一般人要少很多。

我们建议你让孩子稍晚一些上床，之后当然应该允许他安安静静在自己的房间里看看书，或者听听收音机。你要帮助托尼接纳一个事实，那就是他若要睡着，的确需要至少一小时的安静时间。如果他能够不再为自己睡不着觉而焦虑，那么这整件事也就不会太令他煎熬了。

我们有些怀疑，你家托尼睡不着觉的问题，恐怕只是他整个机体尚不够成熟的一部分问题而已，因此你不太可能只从这一点入手就能解决整个问题。

我感到非常抱歉，因为我们无法更有针对性地告诉你，该怎么帮助你的孩子入睡。他的难以入眠听起来的确像是一个更复杂的问题的一部分。另外，你也说到，你自己也一直有同样的问题，而且也一直没有得到解决，看来他睡觉难的问题也是有道理的了。

11. 孩子儿时受过伤害，现在仍然摆脱不了其阴影，怎么办？

读者来信

亲爱的埃姆斯博士：

埃尔莎是我八岁的女儿，最近一段时间常常做些非常可怕的噩梦，让她苦不堪言。她会梦见一个男人在追逐她。有一次她惊醒之后我紧紧搂着她安慰，她对我说："我不要他伤到你，妈妈，就像他伤到了我一样。"

我要她好好跟我讲讲她的梦，可是，她总是踌躇不语，除了告诉我他抓到了她之外，再不肯说别的。

请问，如果要劝诱孩子把这样一个梦的细节说出来，做父母的应该问到什么程度？从什么样的角度出发，才能最有效地帮助一个被噩梦惊吓得如此惶恐的孩子？她只是最近才会梦见如此可怕的梦境，而以前她的梦并不比我所知道的普通孩子的梦更可怕。

其实这些噩梦有一个不幸的根源：孩子在只有两岁半的时候，曾经遭到过一个男人的性骚扰。所以我当然为她感到担心，不知道那场可怕的经历她还记得多少，也不知道这一经历是否以后还会反复再现在她的梦中。

我曾经问过她跟同学和朋友的相处如何，看来她很喜欢他们，而且也喜欢上学。我也管着她看哪些电视，就像我对家里所有其他孩子一样。请你能给我一些答复，包括我该用什么样的措辞来安慰从梦中惊醒的她。当然，我会给予她我的爱，这本来就是我的天性。

专家建议

的确有些孩子因为看了电视上的某些镜头而做噩梦。而女孩子呢，不论她看不看电视，都常常会梦见有男性藏在她床底下，或者在她窗户外面。但是，根据你所描述的女儿做噩梦的情况来看，你的女儿过去曾经有过那样的不幸经历，而且她现在仍然在梦中看到有男性伤害她，因此，我们倾向于建议你去寻求心理治疗。儿时被伤害对孩子心灵所造成的影响，我们对此知之甚少，如今我们已经开始认真对待这样的案例。我们希望一个优秀的心理治疗师应该能够为你女儿提供帮助，驱除她年幼时这段不幸经历所给她造成的任何恐惧和焦虑。

12. 外婆该不该出面管教外孙？

读者来信

亲爱的埃姆斯博士：

我有一个外孙女和一个外孙，我非常钟爱他们，不过，他们也都有很严重的缺点。小外孙女克里斯汀已经快四岁了，却还在吃她的大拇指；小外孙吉姆斯是个男孩，已经八岁了，可是他的举止很没有教养，几乎从来不说"请"或者"谢谢"。而他俩的父母却对这些缺点采取几乎完全放任的态度，因此，我决定由我来承担管教外孙的责任。

结果，我实在难以相信，我女儿和她丈夫居然

对小孩子这样的行为持十分宽松的态度。其实，何止是宽松的态度，他们甚至以一种很委婉的方式告诉我，放过孩子的这些缺点，需要的话他们自己会去做该做的事情。可是，既然做父母的不好好管教孩子，你不觉得这是我的权利和我的责任来替他们管教吗？

专家建议

你说的是孩子有"很严重的缺点"。如果你愿意去你家附近的儿童行为纠正诊所去看一看，你就会看到什么才是真正很严重的缺点。我们理解，你不愿意看到小克里斯汀吸吮拇指，也很为吉姆斯的举止不得体而烦恼。可是，孩子的这类行为，毫无疑问过一段时间就会自然消失。

如果你的女儿和她丈夫告诉你说，他俩正在管教孩子的这些毛病，而且希望你也能帮帮忙，那么你这么做当然很好、很妥当。但是，既然你也说到，他俩对孩子的这些行为十分宽松，因此，若是换了本身也是做外婆的我，我会拍拍屁股走开。

13. 家有八岁的"小纵火犯"，
父母如何是好？

读者来信

亲爱的埃姆斯博士：

我们家有七个孩子，作为他们的父母我们自然
会有不少的快乐与烦恼。而我们目前最大的苦恼，
是我们八岁的儿子本杰明，一个一直喜欢玩火的孩
子。昨天夜里，他在我们家楼上的洗手间里点燃了
一些破布，这使得我们对他至少连续三年以来的担
忧和牵挂达到了顶点。

我们当即采取的对策，毫无疑问，是对孩子保

持不懈的警惕。但是，虽然这件事情非常严重，我们倒并没有把这一行为看成不良行为，而是把它看作孩子发给我们的又一个表达他不快乐的信号。也许这是老天在警告我们，要赶紧想办法为本杰明做些什么事情了。

实际上，虽然我丈夫和我相处得不错，但是我们的生活也并不算好。在我们真能帮上我们的孩子之前（像他爸爸那么尽力），也许我们自己首先更需要帮助。我们正在考虑是否应该开始去找一找婚姻辅导诊所。

专家建议

你们是一对明智的父母，知道惩罚一个纵火的孩子并不能解决问题。惩罚孩子虽然并不会害他，但是一旦你真的惩罚了孩子，你会发现这只是解决问题的一小步，而且并非是真正有助于解决问题的一步。

一个很年幼的孩子也会喜欢玩火，只要看见了火柴他就可能想玩一下。但是，一个已经八岁了的孩子点着了一堆火，哪怕是一小堆火，这也说明了他真的是有问题了，这一点你说得很正确。这也许真的是他发出的信号，他需要帮助。

你提到寻找一家婚姻辅导诊所的事情，我们建议你也许应该寻找的是家庭辅导诊所，这可能会对你们俩、对本杰明，以及对家里其他人都能有所帮助。或者是请他们单独先从帮助本杰明开始。同时也请问，你们能不能寻求学校的帮助？学校里有没有住校心理医师或者心理辅导员？如果有的话，你至少可以先和他们约谈一次，了解一下他们对如何帮助本杰明有些什么看法。

如果你们的学校不能给予直接的帮助，他们也应该能够提供你一些资料，把你推荐给附近声誉良好的心理医师或者儿童行为诊所。不过，即使你已经找到了这样的专业服务，也不能指望孩子的问题一下子就能解决。当然通常来说孩子一定会有一些改善。

　　别的暂且不说，单就你为解决这件事情付出的心血，也能令本杰明感到欣慰，因此也就已经能对孩子有所帮助了。

14. 孩子成天缠着妈妈要钱，该怎么办？

读者来信

亲爱的埃姆斯博士：

我们八岁的孩子看来满脑子就只有钱、钱、钱，除了要钱，就是要我们给他买这个，买那个，一直纠缠到我和他爸爸都黔驴技穷。

每次收到了他一周的零花钱之后，他总是迫不及待地冲到小店里去，把钱花得一分不剩，然后他就不断地过来磨我，问我要更多的钱，去买一些没用的小玩意，一直磨到他下一周该拿零用钱的时候。然后，一切又从头再来过……

我和我丈夫现在最头疼的是带他去商店，不论我们给他买了什么东西，他都只有不超过 10 分钟的满足感，随后肯定又要来磨我们给他买另一样东西。如果我们不满足他的要求，他就又哭又闹，直到店员和顾客的眼睛全部射向我们，每次都搞得我们非常丢脸。

我们告诉他，很少还有哪家孩子的东西会比他更多。他在家里需要义务承担一些家务劳动，不过我们也给了他一份可以挣钱的任务清单，供他选择。我们也曾要求他在商店里出洋相之后必须回到汽车那里等我们……可是，都不管用。

专家建议

希望我们的信能够给你带来一份安慰，因为你家孩子这种对钱的过分热衷，其实只不过是他这个年龄的孩子所特有的行为。八岁孩子的这种典型行为，这份"财迷心窍"，经常能搞得父母十分抓狂。不过，父母也不要小瞧了孩子对钱的渴望所带来的动力，这往往是一个最好的时机，能促使孩子因此对金钱的价值观念有一些新的了解。

换句话说，他的这种心态，虽然不那么讨人喜爱，但却是他这个年龄相当正常的心态。再过一两年，他对钱的兴趣毫无疑问不会再那么强烈，至少也会变得合理得多。

除了等待他长大之外，你还必须做到坚持你的原则，不要让他得逞太多。与此同时，如果可能，给孩子更多的机会允许他挣钱，哪怕帮家里做了一点点事情也可以奖励他一些钱。也就是说，既要坚守你自己设立的规矩，又要给孩子机会挣钱，甚至需要的时候敦促他去做他该做的事情。

他在商店里的行为，显然是相当幼稚的低龄行为。既然他会有这样的表现，那么你该知道，你不该带他去商店。你说你曾经试过把他留在家里但是不"管用"。可能第一次不管用，甚至可能第五次也不管用，但是终有肯定能管用的那一天。你要告诉孩子，一旦哪一天他终于能够做得到在商店里表现得体，他就可以去。

你说希望孩子能懂得珍惜他已经有了很多东西。不过，我们认为，若要孩子能达到你的期望，你恐怕还需要等待相当长一段日子。许多孩子还要在长上八年，等他们到了十六岁，才可能表现出这样的珍惜来。这是一个漫长的成长过程，当然孩子自然会一点一点地进步。你只需设好你的规矩，坚守你的准则，同时，既不要期望太多，又不要太容易失望。

15. 是不是因为家里添了小宝宝，所以孩子对性有了特别的兴趣?

读者来信

亲爱的埃姆斯博士：

我有一个关于我八岁儿子的问题，很希望能够得到你的帮助。我们的亲子关系一直相当不错，而现在我则一直告诫自己，八岁孩子应该处于一个不是很好相与的年龄段。

有一天夜里，我发现他上了床以后哭了，他告诉我说他想起了他小时候说过的一些"坏字眼"，说他很为自己说过这些脏话而感到难过。我安慰他说，那时候他还只是一个小小孩，不懂得自己说了些什么，而他现在已经长大了，因此不妨忘掉这些事情。我还跟他说，如果心里有什么烦恼，可以来找我，我一定尽量帮他。

不承想从此之后我惹上了麻烦，他简直能把我逼疯了。他整天来找我说些有关性的话题。他喜欢看小女生的裤子，还跟我说他看得见我的衬裙，以至于现在他一进我的卧房我就会警觉起来。他跟我说他的各种想法，可让我不解的是，同样一个问题他会问了又问。

这是我第一次面对这么些有关性的问题，真是被他弄得满头冒汗。我刚生了一个小宝宝，现在只有两三个月大，你觉得他的这些好奇心是否都是这个小新生儿引起的？我应该怎样应对，你有没有什么建议？我丈夫在一旁笑话我，可是，毕竟孩子是要来找我聊这些话。

他的宗教观念，以他小小的年纪来说，相当罕见地强。问题是，对宗教的兴趣与对性的兴趣，这两者之间必然相互冲突。他一方面不断地说到神之爱，可是往往下一句话却又谈到了性。是不是他的性意识刚刚开始觉醒？我应该怎么跟他解释这些事情？你能推荐一些我可以读给他听也可以让他自己看的书给我吗？我丈夫觉得儿子无非是想借此来跟小宝宝争夺妈妈对他的关注，可是我不这么认为。看来他的思想中的确有些好与坏的观念上的冲突。

我将由衷感激你的答复。看见孩子如此困惑，我真的很替他难受。

专家建议

听上去你儿子像是一个可爱的小男孩，已经开始意识到了他所说的"坏字眼"的意思了。而且看来他很想做个好孩子。虽然他对性的兴趣似乎是有些过于强烈了一些，不过，这个年龄的男孩子喜欢偷窥、开些脏话玩笑、留心女生的内衣等等，其实并不算是稀罕事。家里添了一个新生儿，这无疑会强化他的好奇心，也刺激了他对整个性这种事情的情绪反应。

晚上陪孩子睡前聊天的时候，应该是一个最好的时机，你可以指定用这一段时光来跟他谈论他非常想知道的那些事情。关着灯说这样的话，你有可能不会觉得过于尴尬。孩子的问题，请你要完整地回答。一般来说，你能够感觉得出来你说的话是否超出了他的接受程度，如果超出了的话，他会变得没什么兴趣再往下聊。

一旦他所获取的有关小宝宝的一切能澄清他心中的迷惑，比如宝宝是怎么进去的，又是怎么出来的，那么关于这一主题的谈话他可能就此放下。不过他现在既然很愿意聊，这是好现象，因为看来他似乎真的很困惑于什么是好、什么是坏，而你跟他的对话能够帮助他澄清心中的困扰。我们固然没有办法知道他已经汲取了哪些宗教观念，不过这些观念对他来说的确是一团乱麻。

至于说他可以看看哪些书，图书馆里以及书店里都有许多有关性以及小宝宝的书，而且都十分靠谱。我们最喜欢的是彼得·梅尔的作品《我从哪里来》。这本书的讲解清晰明了，以事实为主，而且充满童趣。如果你觉得这本书对你来说太直白了，那么你可以请教你家附近图书馆里的人，他们也许能找到一些适合于你和孩子一起阅读的书。

16. "讨厌舅舅（叔叔）"这种称谓，是否太不公平了？

读者来信

亲爱的埃姆斯博士：

作为一个很有爱心的单身汉舅舅（叔叔），我常常向我的小外甥、小侄子们用亲昵的动作表达我的喜爱。因此，针对你的专栏上这么口无遮拦地使用"讨厌舅舅（叔叔）"这一词汇，我绝对认为我是一个例外，而且我认为你这样的话十分伤人。肯定不会是每一个当叔叔或者当舅舅的人都会带着邪恶的心思拥抱和亲吻那些小孩子。而且，随着那些

小孩子逐渐长大，越来越不欢迎我的亲昵动作，我
理所当然会十分知趣地收敛自己。

专家建议

我自己并不是说这话的人，但是，我却很理解这一"称谓"背后的含义。而且尽管这一"称谓"并不代表你也如此，然而，请大家一定要牢记一点，统计数据表明，儿童遭受性虐待的比率很高，在美国，是每2分钟就有一个孩子遭受来自亲戚或者陌生人的欺凌。

这个统计数据所指的不见得只是别人家的孩子，相反很有可能是你自己的孩子。因为我们欢迎任何形式的对父母的警示，使得他们更懂得要保护自己的小男孩或者小女孩免遭这类欺凌。

有时候人们以为这类欺凌应该只来自于家人之外的外人。但是，罗宾·伦纳特在他的著作《你可以说"不"》这一书中指出（这是一本非常有实用价值的书），典型的儿童性骚扰者，并非人们所通常认为的那样是一个陌生人，相反，大多数的儿童性骚扰者其实认识小受害人，因为他们是那家人的亲戚、朋

友、邻居，或者是其他的一些小受害人常常遇到的人。

伦纳特在他的这本书里给了家长许多切实可行的建议。其中最重要的一条建议，也许就是你应该教导你的孩子，他有权力对任何让他感到不自在、不舒服的人说"不"，而且这样的"不"应该多多益善。孩子不需要解释，只需要说出这个字来。

这本书中最有魅力而且也最实用的地方，是它整理了一系列的故事供家长和孩子一起阅读、讨论。我们来看几个例子。例一，比力放学回家，遇到一位驾车女士，问他"要不要我载你一程？"比力知道他绝不可以在没有妈妈或者爸爸的允许之下随便上别人的车，所以，他对那位女士说了一声"不用"，然后自己跑回了家。（请跟你的孩子讨论一下，如果是他遇到了这样的情况，他该怎么办。）

例二，在便利店里，有一个男人送给马丽安一份礼物，说"因为你太可爱了"。小马丽安回答了他一句"不要，谢谢你"，然后她跑回了家。（同样，读完这一则小故事之后，请你跟孩子讨论一下，如果换了他，他会怎么做。）

我们认为，书中的这些以对话的形式提供给读者的小故事，不但让孩子容易接受，而且也不会让孩子感到恐惧，更是非常实际的教材。我们强力推荐这一本书。我们也推荐另外相同主题的一本书，但是风格完全不一样，即珍妮特·凯纳斯的《冰凉的肚子》。这本书讲述了一个可能发生在任何人家的故事，包括在你的家中。有一个小姑娘，每当她的叔叔吉姆咯吱她、拥抱她、亲吻她的时候，她其实并不喜欢，而且每当他这么做的时候，她都会觉得肚子里一片冰凉。她的家人似乎没有谁注意到，而她也不敢告诉任何人，因为她既害怕大家会很生他的气，也害怕大家会认为她是无事生非。但是后来，她终于告诉了她的好朋友吉尔，吉尔会告诉自己的妈妈。她实际上希望吉尔的妈妈能跟她的父母说说这件事。

这一本书有可能会让不少父母因此而张开自己的眼睛。我真心希望能够如此。

对儿童的欺凌，除了性虐待之外，我还有一些讯息愿意和大家分享。悉尼大学的儿科教授金·奥茨先生，列举了几个人们普遍认为是"天方夜谭"的实际上的儿童虐待：

找专业医护服务应该能避免这一问题。

不论是哪个社会等级的家庭当中，儿童虐待都同样存在。

所有的家庭都可以帮助受虐的孩子，法律站在孩子的一边，让受虐的孩子离开虐待他的家庭。（译者注：在美国，孩子在家里挨了打或者受了凌辱，老师、邻居，甚至他自己，都可以找人告状，然后就有人依照法律来把孩子带走，交给法律允许的家庭抚养。因此，孩子是打不得的。）

还有，给上高中的孩子们讲授怎样做一个好父母的基本原则，将来就能避免这一问题。

17. 学校里应不应该有性教育？

读者来信

亲爱的埃姆斯博士：

我很想了解一下你怎么看待学校里应不应该有性教育。在我们小镇里这个问题一直是一个热门话题，最近更是争执得几乎白热化。人们的观点相差得非常厉害，有的说，"学校里不应该有任何性教育"，有的则坚持必须开设性教育。有的说，"请只对孩子们传授事实就好"，有的却要求必须同时也传授有关性的价值观念。有的人赞成讨论"正常"的日常性行为，有的则认为应该囊括所有的极端行

为，包括对艾滋病的全面探讨。到底该怎么办？请
帮帮忙！

专家建议

我们格塞尔研究所一向认为应该在学校里传授性知识。
即使是小学学前班的孩子也会问到这类问题，渴望得到解答。
在大多数情况下，我们发现越是那些反对学校里提供性教育
的家长，越是在家里也极少回答自己孩子的这类问题；而那
些能平静地、自信地对待孩子的这类问题，愿意为孩子提供
这类信息的家长，则越是欢迎学校能够向孩子提供任何更进
一步的帮助。

我们倾向于认为对孩子的性教育不仅仅要提供有关的信
息，而且还要强调性行为的价值观念，也就是大多数家庭和
宗教团体所秉持的所谓"绝对的价值观"，即，对性行为承担
责任。曾经有一个政府承办的叫作"性信息与教育委员会"
的组织，一度支持传授"相对的价值观"，也就是认为只要自
己享受其中就好，还认为合理的守贞和禁欲并不比滥交更好。
万幸的是，这一委员会现在已经基本上销声匿迹了。

但是，现在又有了一个新的争议焦点，认为问题并不在

于应不应该传授有关性的知识，而在于应不应该传授有关非传统的性知识。尤其是目前针对艾滋病的威胁，一些人认为甚至在三年级就应该介绍一些很极端的性行为的知识，比如肛交。

我们觉得艾滋病固然应该介绍，但是，最好不必提及非传统的性行为。根据我们的经验，大多数的八岁孩子基本上已经有了足够的成熟度，能够理解对小宝宝是怎么来的解释。不过，尽管如此，我们的观察却发现并非所有的八岁孩子都对爸爸在其中的作用感兴趣，或者至少是并不对任何的细节感兴趣。因此，我们认为，针对尚如此年幼的孩子，更明智的做法是学校还不必涉及哪怕对传统性交的讲解。

至于针对非传统的性行为，不论我们成年人自己对这类行为有些什么看法，在我们教导孩子的时候，首先要考虑到的永远应该是孩子是否有足够的成熟度接受我们的传授。普通八岁孩子对性知识的接受程度还相当浅显。

18. 孩子帮忙做家务，
   父母该不该付钱？

读者来信

亲爱的埃姆斯博士：

　　我猜这样的问题你这么些年来一定回答过不少次了。可是，对任何一对没有经验的父母来说，这都是一个新问题。我们有三个孩子，年龄分别是六岁、八岁、九岁。他们从小就做家务挣钱。这并不是说他们所做的任何小事情我们都要付钱，而是一些他们的"日常任务"，比如出门去倒垃圾、布置餐桌、清洗碗碟，诸如此类。我自己就是这么长大的，我们俩觉得这么做没什么不妥。

可是现在我婆婆却忽然出来说，我们这么做是错误的。她认为孩子应该得到一定的零花钱，那是他们应该分享的属于这个家的金钱；同时他们又应该义务承担一些家务劳动，这也是他们应该分享的属于这个家的事务。

请问，孰对孰错？

专家建议

我们认为这类做法并没有绝对的正确与错误。有些家庭习惯于给孩子设立一笔零花钱，很多人跟你婆婆一样，秉持一种比较新派的观念，认为孩子应该"愿意"帮家里做事，承担家庭任务。给孩子零花钱常常是一种更简便的做法，因为你至少不需要做流水账。但是，也有很多家庭用的是你们现在的做法，而且也一样运作得很好。还有些家庭会综合这两种做法为一体，既给孩子设立一定的零花钱，又给孩子一些可以挣钱的任务来增加收入。因此，我们的建议就是，请按照你和你丈夫还有你们的孩子觉得最自然的做法去做，不必担心你婆婆会怎么说，这并不是她辖下的事情。

19. 孩子把成绩单撕了还撒谎，父母该怎么办？

亲爱的埃姆斯博士：

　　我和我妻子对我们八岁的儿子布赖恩感到格外担心。布赖恩现在上三年级，学习成绩并不好。据学校说，他总是动个不停，而且抄写东西总是出错，不论是照着黑板抄写，还是照着放在他课桌上的作业纸抄写，都一样。

　　对孩子的这种成绩水平，我们替他感到难过。不过，我们也知道并不是所有的孩子都生来就是学

238

习的料。但让我们担心的是，最近这孩子会悄悄把他的成绩单撕了，然后回来朝我们撒谎，说什么老师没有给他成绩单。此前，布赖恩一直是一个诚实的孩子，因此针对他的撒谎行为我们非常恼怒。

专家建议

有些学校可以直接把孩子的成绩单寄给父母，这样就应该能解决这一问题了，是吧？实际上，我们觉得更值得担心的事情，是你的孩子为什么在学校里学习成绩这么差。这比他不肯把成绩单带回家而且还要对父母撒谎，更加让人忧虑。

没有人能够真正明白，一份低劣的成绩单能让布赖恩感到多么的惧怕。你听上去像是一个挺讲道理的人，但是，你的孩子还是可能因为他的成绩单太糟糕而十分惧怕你。这正是我们感到担忧的地方。布赖恩有可能和许许多多的其他孩子一样，只不过还不够成熟就读三年级。另一个可能性，也许只不过因为他有某种特殊的视力问题，因为他抄写东西总是出错。还有一个可能，既然他总是需要"动个不停"，那么他也许是一个人们所说的多动症孩子（尽管这类的判断常常不见得正确）。

请你和学校好好谈一谈，看看他们有什么见解；也请你带孩子去看一看高水平的儿童专家或者儿科诊所，给孩子做一次细致的检查。如果不找到布赖恩学习跟不上趟儿的真正原因，你很难有办法解决问题。

20. 我的孩子真的患了多动症吗？该怎么判断？

读者来信

亲爱的埃姆斯博士：

学校通知我说，我的二儿子、目前上三年级的乔，肯定是一个多动症患者，要我们采取一些措施。可是，另一方面，我们家的儿科医生，从乔一出世就认识他，而且对他的哥哥和弟弟也都很熟悉，却认为乔只是一个普通的有点好动的小男孩而已。请问，我们该如何判断？我儿子真是一个名副其实的多动症患者，还是他只是一个比较好动的孩子？

专家建议

我们不了解你家乔，这可真难说。不过，我们可以推荐你一些斯坦利·德瑞奇博士的建议。他出了一本很有意思的著作，叫作《困境中的孩子》，里面有一些观点也许能给你一定的启迪。根据德瑞奇博士在这本书中的看法，"多动症"这一术语，描述的是各种行为失控和学习能力失控。它也可以用来表示一个孩子更为复杂的行为的某一方面，也就是说，一个孩子习惯于动来动去，而且动得要比"普通"情况更为频繁。

德瑞奇博士指出，如果是下列情况，的确值得我们怀疑"多动症"这一术语是否使用得当：

1. 孩子的某个单独（一个真正的形容词）特点，不足以用来描述孩子的总体。

2. 所谓"正常"的界限非常难以限定。

3. 行为的背景十分重要。尤其当这种行为仅仅在学校里很明显的时候，那就更为重要。

4. 孩子的年龄十分重要。例如一个学龄前儿童一般来说都会比入学后的小学生显得更为好动。有关专家在断定一个孩子是否患有"多动症"时，毫无疑问应该比现在的做法要更加谨慎。

　　5.一天之中的时间也很重要。一个孩子饿了的时候，很有可能变得比较"躁动"。

　　6.孩子的饮食更十分重要。许多母亲都注意到，如果给孩子含糖量太高的食物，或者含有食品添加剂的食物，孩子的确会出现反常行为。

　　如果我们不从"多动症"的角度来看待孩子，而是把他当作一个好动程度比较高的困境中的孩子，那么，不同的视野将因此而展现出来。

　　德瑞奇博士还指出，有些孩子的确是"多动症"，但是，这样的孩子，须是那些无时无刻不格外好动的孩子，他不但实实在在地根本停不下来，而且他的行为往往是漫无目的的随机行为，不断地东折腾西扑腾，而不是有目的的行为。还有一种可以称之为"多动症"的孩子，是那些完全不可能关注于你、不可能听从于你的要求，而且无休无止地不断打扰别人的孩子。

21. 我的孩子好像不够能力应付 三年级的功课，请问该怎么办？

读者来信

亲爱的埃姆斯博士：

　　我家的老大是一个八岁的男孩子，叫奥利弗，现在上三年级。让我们苦恼的是他的学习实在是太吃力了，而且不论他怎么努力，都跟不上趟儿。一年级的时候，他老师说他在班上处于平均水平，和同学们相处得很好，还说作为老师她因为班上有他而感到快乐。我觉得孩子的功课学得并不好，但是她认为他应该去二年级。

二年级的时候，他一直有阅读困难，他的正楷字写得仍然很糟糕。可是，他的老师说，有些孩子在某个年龄段会很快"成长"起来。她也认为他在班上处于平均水平，在班级里没有什么不适应。他仍然倒着写字，哪怕他的名字也倒着写，而且他读书的时候总是漏掉一些短小的单词。

到了今年，他的正楷书写有了进步，可是他的连笔字写得一塌糊涂。他的算术也很糟糕。他完不成作业的时候会非常气恼，甚至气得哭。他的拼写仍然会写颠倒。我跟他的老师会谈过，她说他学得很慢，但是很努力。我提出孩子看东西怎么会是颠倒过来的，她则建议我带孩子去看看眼科医生。我带他去了，医生开处方给他配了一副散光眼镜，还说他是个固执的、比较晚熟的孩子。

他的校长认为，这孩子也许只是想要得到更多的关注。可是我不这么看，我觉得孩子真的很努力。他想要好好完成功课，这样的话他就可以开开心心去打猎去钓鱼。请问，你能不能告诉我，是否有什么办法能验证孩子会不会真的倒着看东西？现在才来想办法，会不会已经太迟了？下一学期让他复读

一遍三年级，是否对他有好处？我认为他应该复读

一遍三年级，可是我丈夫却认为，奥利弗应该利用

这个暑假好好补习一下，到了秋天的时候上四年级。

专家建议

你丈夫的计划是挺好的，但是，就是没有替孩子考虑。根据你的描述，看来几乎是毫无疑问的，奥利弗一直不恰当地就读过高年级。我们强烈建议让他复读一遍三年级。我们怀疑他不太有可能忽然就有能力读四年级，因此在这个暑假里逼迫他完全不能解决问题。

他写字倒着写，我们不认为那是他倒着"看"造成的。这其实更像是五岁半到六岁孩子的读、拼、写的行为能力。一旦出现这种"颠倒"的视觉行为，那通常意味着给孩子的阅读课本超越了孩子的阅读能力。如果大家能认识到这一点，给孩子适合他能力水平的功课，他会逐渐跨越这道坎儿。特殊的视力辅助，例如你孩子现在用眼镜，可能有一定的帮助，但即使使用散光眼镜也只是孩子视觉成长中的一个步骤而已。因为我们知道这一点，所以通常来说我们不建议借用特别的

眼镜来校正孩子的视力；相反，我们建议你更谨慎地关注一下孩子的视觉成熟水平，比如说，他看东西是否有适当的眼球动作、良好的深度视觉，以及视觉器官恰当的灵活性。也许他需要通过视觉训练来帮助他提高视觉成熟度。

不论如何，你的孩子应该在日常生活中要比在学校里做得好得多。如果你希望孩子在学校里也能日子好过更多，那么至关重要的一点就是你要允许他放慢脚步，按照他的成长步骤去成长，而不要拔苗助长。你随信送来的他的成绩单，更证实了我们的看法，那就是此刻他尚未有足够的能力应付三年级的功课。

22. 孩子为什么对任何事情都显得无动于衷?

读者来信

亲爱的埃姆斯博士:

　　我有一个关于我儿子的问题,他已经快八岁了。也许其他母亲也有同样的问题,我非常感谢你能跟我们谈谈。我儿子名叫安德鲁,不论谁跟他说什么、要教他什么,他都统统无动于衷。他的老师急得直抓狂,而我们也一样。在学校里他对功课无动于衷;回到家里,该他做的日常家务他也无动于衷。他健康,精力充沛,非常聪明,而且几乎不做可以被称之为淘气的事情。他说个不停，也想个不停，但就是不肯去想眼下我们要求他做的事情。他生活在他自己的世界里。你说我们该怎么穿透这孩子竖起来的墙壁呢？

他的老师说，他足够有能力成为班上最优秀的学生，可是他却勉强混个及格而已。老师知道他懂，我也知道他懂。阅读也是一样，他明明认识那些字，却偏要假装他不认得。该他读书的时候，他只肯好好读到一半；该别人读的时候，他却根本不跟着自己的书往下看，因此老师叫他的时候，他已经迷失在梦中。

我给了他一个座右铭：闭上你的嘴，去看、去听、去留心别人在做什么，然后你也一样照做。只想你眼前该做的事情，而且一次就把它做好、做彻底，任何半途而废的事情都不能算数，必须重新做一次。但是，他根本不听我的要求。

如果你知道他这是怎么回事，请告诉我，我和他的老师都已经绝望了，不知道该怎么才能让他听得进我们的话。

专家建议

你和老师都认为，只要安德鲁能够不再对什么都无动于衷，能用心去好好做，那么他有足够的聪明才智学好功课。因此，你和许多母亲一样，希望能找到一个办法来纠正孩子这个不肯用心的毛病。可实际上，你也和许多母亲一样，如果不找到孩子不肯用心的真正原因，你很难有办法能纠正孩子的这一毛病。

每个孩子凡事无动于衷的表象，常常十分相近。他们白日做梦，神思恍惚，仿佛"生活在他自己的世界里"。他们觉得很无聊，焦躁不安，又不肯去尝试。说真的，那些凡事都不肯用心的孩子，他们的表现实在很相近。然而，造成每个孩子这么对事情无动于衷的原因，却又千差万别。

我们不妨把这种无动于衷的毛病比喻成发烧这种疾病。这是一个危险的信号，而它却可能是几十种不同的毛病所能显现出来的相同表象。虽然有些时候某个很明智的家长也能够作出准确的判断，但是，更多的情况却就像是发烧这种疾病一样，需要找专家，才能确诊，才能开处方。如果是发烧，那么需要找专业医生；如果是孩子凡事无动于衷，那么需要找儿童专家。

你的座右铭是一个很好的座右铭，只是，要让一个小男孩的行为回到正轨上来，仅仅一个座右铭那肯定远远不够。孩子是不是不该读那么高的年级？他的老师是不是一个适合他特点的老师？给他一些能让他感兴趣的活动，他会不会还是照样无动于衷？

这个处方不会很简单，但是你却有可能从他的个性特点中找出一个解决方案的端倪来。一个儿童专家应该更能够帮助你明白孩子的个性特点。孩子的问题既可能在正常范围之内，也可能更为严重。这只有找儿童专家才能够帮你作出诊断，才能真正帮助到你的孩子。

23. 我觉得小学老师对我的孩子不公正，你说是不是？

读者来信

亲爱的埃姆斯博士：

我要说的话听起来像是反向的性别歧视，但是我实在不认为小学校对待小男生有多公正。我儿子萨米，小时候是那么满腔热忱地踏入了小学。可是现在他长到了八岁，上了三年级，却变得好像是破罐子破摔了。他的老师总是在批评他，而他对自己的看法更是跌到了谷底。我真是认为很多老师实在对小男生不够公平，你觉得我说得对吗？

专家建议

不幸正是如此。我们大多数人都明白这一点，而希拉·摩尔和隆恩·弗洛斯特在他们的著作《男孩手册》中，更对此作了十分独到的描述。这两位作者指出，小男孩在刚开始上学的时候，都往往带着满怀的乐观。他相信只要自己好好努力，就一定能是一个好学生。假如你这时候问他，在班级上他居于什么位置，那么不论是男孩还是女孩，都会认为自己名列前茅。

然而，自然规律是男孩和女孩在学校里的表现很不相同。小男生通常来说都比小女生更为活跃，他不断地动来动去，四肢总也闲不住，需要更多的机会来释放他无穷的精力，而且，也往往比女孩子更为争强好胜。

小男生还比小女生更富于探险精神。开学还不到一个星期，他就能告诉你，他知道擦洗水槽的去污粉放在哪里（译者注：美国小学的教室里，都设有洗手槽，方便孩子在完成手工、绘画之后，洗手、洗工具）、哪扇窗户上的窗栓有点儿坏了、哪些课桌前的同学是左撇子……他还有可能早已经拆卸过了教室里的电动削笔机，而且还会告诉你说，这个削笔机和大厅那一头某间教室里的削笔机结构很不一样，因为去年他在那个教室里上课的时候，曾经把那个削笔机也拆开来看过。

不仅男生和女生的行为各有不同，老师对待孩子的态度也因他们的性别不同而不同。男孩子一般都更晚熟、也更好动，所以老师不但会常常纠正他的功课，更常常纠正他的行为。而对女孩子则更多的只是纠正她的功课而已。女孩子的所作所为更容易讨老师的喜欢，因为她们更遵守组织纪律、更善于维持教室的整洁和秩序。若是看到有孩子在上课时被送到了教室门外、课间休息时被留在了教室里面、放学之后被关在了学校的留校室里，那十之八九会是男孩子。

假如一个孩子能跑得很快、钱币抛得很溜、很会拆装机械小玩意、随便一些废木头就能拼成一艘飞船的样子，还会整整一个下午泡在水沟里掏稀泥，就为了要找到一个大小合适的青蛙，等等，他的这些本事，很少有老师能看得上眼。相反，老师看重的往往是这些小男生很不容易做得到的事情：书写整齐、保持安静、坐着别动、认真读书，还有，能记得住老师刚说过的他应该做些什么的要求。

在开始上学之前，成人要孩子做的事情都是看得见摸得着的，比方说，用积木搭建一座塔。孩子很容易自己就看得明白他搭得成功不成功。可是，一旦换成了学校里和学业相关的要求，孩子则往往不那么容易明确知道他的目标应该是什么、他怎么才能达成目标。其结果，就是一年级的孩子，尤其是男孩子，渐渐地越来越不敢相信自己的能力在哪里。再过个一两年，一个男孩子对自己在学校里的表现就愈发没了信心。

是啊，这位妈妈，你说得很对，小学低年级的学校生活，男孩子要比女孩子艰难得多。

24. 请问，学校该不该按男女分班？

读者来信

亲爱的埃姆斯博士：

在我们这个地区，有些家长提出了疑问，认为小学低年级的班级应该男女分班。他们认为，如果分班的话，对许多小男孩会更为公平，因为这些小男孩跟与他们同龄的小女孩相比往往更为晚熟，很难像女孩子一样坐得住，在读写等方面的进步也往往跟不上女孩子的水平。请问，你怎么看待这一问题？

专家建议

男女分班的确有利于保护男孩子，尤其是那些比较晚熟、语言表达能力不够好，学习很难赶得上女孩子的小男孩。男女分班使得课堂和课程能够以最有益于男孩的方式来安排。

尽管目前对男女分班的研究还非常少，但是已有的研究报告表明分班的确更好，不但对男生更有益，对女生也一样更有益。研究数据显示，跟混合班的男生比起来，男生班的男生在某些课程方面有明显的进步。尽管男生班和混合班比起来，课堂上更加喧闹、更加混乱，可是，没有了女学生的持续不断的对比效果，老师反而似乎更容易接纳男生过于好动的行为表现。这一实验性研究的另一项重要收获，是学校的不毕业率从 10% 下降到了 3%。

至少有一组研究人员认为，老师可能更愿意教单性别班级而不是混合班，而且如果老师可以选择自己更喜欢的单性别班级的话，教学效果会更好。

有些研究人员开始怀疑人们对男女混合教育的一些看法的合理性。例如，过去人们认为如果没有学校里的女生带给男生的"膨化作用"影响的话，男生会变得更粗野。这一点，看来有可能如此，也有可能并非如此。还有，过去人们认为，如果班级里没有相同数量的男生存在的话，老师给予女生们的要求往往难度偏低。这一点，同样是有可能如此，也有可能并非如此。

人们已经发现，在高中，如果任课老师是女教师，而且班级里全部是女生或者女生人数远远大于男生，那么优秀女生的成绩有可能会赶上优秀男生的成绩，甚至比优秀男生更为出色。

我们急于想要平衡一切，然而与此同时我们很可能忽略了某些重要的因素，那些能够对不同性别学生的学习能力都有强化作用的重要因素。

25. 孩子是学习能力低下，
还是学习能力不同？

读者来信

亲爱的埃姆斯博士：

　　我八岁的儿子史蒂文，在我眼里从来都是一个
非常聪明的小家伙。首先，他很喜欢上学。其次，
他在学校里的这几年学得都相当不错，除了阅读
不太好，他一直觉得有些吃力之外。而且，他在
某些方面格外聪明，尤其是我认为就该是小男孩
聪明的地方，比如摆弄机械小玩意、搭建东西，
还有太空拼图。我丈夫和我都觉得他的小脑瓜子

里很有些名堂。

然而，现在读三年级的他，学校却认为应该送去学习能力低下班。如果他真的有这方面的需要，我肯定不会反对这种观点，问题在于我实在不认为这孩子是学习能力低下。

专家建议

我很认同你。学校如果认为某个孩子属于学习能力低下而应该送去特殊班学习，那么在做出这样的决定之前，应该非常谨慎，切不可匆忙决定。许许多多的小男孩、小女孩，被贴上了"学习能力低下"的标签，被当作是学习能力低下的学生来对待，然而，他们往往其实只是阅读跟不上，或者是就读了偏高的年级而已。教育家汤玛斯·阿姆斯特朗在他的著作《以他们自己的方式》中，对此提出了不同的看法。

他极力认为，至少在很多情况下我们都可以用"学习能力不同"这一看法来代替"学习能力低下"的标签。作为一个"学习能力低下"特殊班的教师本身，他发现，目前被判为"学习能力低下"的孩子当中，无数的孩子实际上并不是真有能力缺陷，而只不过是他们自己独特的学习方式没有被学校注意到而已。他相信，许多达不到成绩要求的男女学生之所以显得成绩落后，正是因为他们独特的天分和能力并没有被人们所认识到。

阿姆斯特朗在这本书中给出了三个案例，讲述了被学校认为是学习能力低下的学生，而实际上是他们的天资、天赋和能力没有被学校认识到。

例如，比力的妈妈让他用学校老师教授的办法来计算一下房间的面积，他做不到。可是，当妈妈允许孩子"以他自己的方式"来计算时，他成功地算了出来。他解释说，"呃，我闭上眼睛，就想出了一个主意，就好像是从音乐到建筑之间的一个跨越一样。"

苏珊是一个一年级的小学生，课余时间她喜欢阅读大百科全书。上课的时候，老师要她根据课堂上正在阅读的课文，写一篇"小猪"的故事，她写道："小猪啊，小猪。请让我来告诉你，小猪可以用来做什么。"

马可是一个玩"恐龙搏杀"的小行家，可是在课堂上他却学得很吃力。

不论是阿姆斯特朗的观点，还是我们自己的观点，都认为"学习能力低下"这一术语人们不但太为广泛地过度使用，而且太多的教育家们指鹿为马，以此不公正地对待孩子。阿姆斯特朗在这本书中写道："1963 年 4 月 6 日，星期六，这一天我们在芝加哥发明了一种新的疾病。这种新疾病，在后来的 20 年中，以缓慢的速度感染了全国数以百万计的学生。这不是由某种简单病毒或者常见细菌所导致的疾病，医疗专业人员检查不出这种疾病，专业检测设备也检查不出种疾病，而且也没有明确的治疗办法。联邦政府不得不在后来的 20 年中为之耗资无数，然而结果却是从 1977 年到 1983 年之间，病患者人数翻倍。"

他还指出，"指称一个孩子患有'学习能力低下'症，让他为此背一辈子黑锅，而我们却并不真正知道那是一种什么病症，这实在是一种耻辱。"

26. 该如何帮助我那很有天分的孩子?

读者来信

亲爱的埃姆斯博士:

　　请问,我们能不能请你针对我们的儿子布雷克的情况,给出你的见解或者你的建议?我丈夫和我相信我们的孩子真的很有天分,可是他的学校却对此置若罔闻。有些人还认为我们对布雷克能力的讲述无非是吹嘘而已,还有些人显得有些嫉妒,故意避而不谈。如果我们能为孩子做些什么特别的事,请不吝赐教。

专家建议

你的简短来信让我很难置评，不过请你去找一本书来看一看，对你来说应该是一个好的开端：普丽西拉·韦尔的《天才儿童的世界》。这里是她在这本书中的一些看法，同时也是我的看法：

社会上往往把一个具有天赋的孩子在一开始当作一个有特殊缺陷的孩子，这的确是一个不幸的事实。这个社会往往倾向于以一种不信任的眼光、一种嫉妒的情绪来看待别人的一份成就，而不是予以鼓励和接纳。

天资聪颖的孩子不必亦步亦趋地跟别人保持相同步调。他的头脑必须不被人为禁锢，他的好奇心必须予以保护，他的成长必须得到鼓励。与此同时，父母和老师也必须尽力帮助孩子，让孩子能生活在一个愉快的平衡之中。我们绝不可以以消弭孩子天资卓绝的那一部分来寻求这个平衡，但是，与此同时，我们对孩子的鼓励也绝不应该只局限于某一方面，否则的话，孩子会真的成长为一个跛子。

家长应该避免进入一个特别的误区：你不必仰慕自己的孩子。我们常听见父母说，"天，他太聪明了，我们怎么可能比得上他。"这种心态其实对孩子是有害的。（而且如果我们这么说一个三四岁的小孩子，那更是一种愚蠢。）只有做父母的不但友善而且坚持原则，孩子才会最觉得安全。

父母可以做的事情之一，是寻找恰当的平衡砝码。因此，一个在音乐方面天赋卓绝的孩子，同样可以沉浸于数学的魅力或者分子结构的奇妙之中；一个在历史学方面很有才华的孩子，同样可以对地理学或者天文学很感兴趣。让孩子照料他人或者他物也至关重要，包括照料更小的孩子、其他的人、公共财物，以及植物和小动物。责任感、爱心，以及别人对他的需要，对孩子培养正面的情感基础具有非常大的促进作用。让孩子照料他人或者他物，等于在这个天赋超常的孩子与整个世界之间，营造出了这个社会需要他的骨架。

有一个主导原则请你记住：要坚守常识。同时还请记住，一份卓越的天赋所带给孩子的，既有利亦有弊。天资聪颖的孩子一般都有强烈的情绪上的以及交往上的需求，可是，他的这份需求往往让步于对学业和成绩的考量，尤其当父母老师的推动加入其中之时，那就更是如此。

也许最为关键的一点，就是我们必须时刻牢记，一个具有天赋的孩子不仅仅有一副大脑。我们也需要牢牢记住，如果给这样的孩子以双倍的推动，把他推到了更高的年级里，推到了那些与他完全不在同一个生理成长水平上的其他孩子当中，以期满足他智力成长的需要，那么结果往往就会是弊大于利。

韦尔夫人自己的女儿，也是一个具有天赋的孩子，就曾经卡在了跳级这件事情上。她跳到了更高年级，而照她的身体发育来说，她必须要长到了足够上六年级的年龄才能适应。她跳级的那一年，在学年结束之时，六门功课中有四门不及格。也许她直觉上明白到自己真正需要的是什么，因此对这份成绩单反而感到很开心："这下子好了，我应该可以留一级了。"留级以后，韦尔夫人说道，"孩子的内在继续成长。虽然她读的是去年读过的故事，历史也是她去年学过的历史，但是她现在却能够从不同的深度来理解相同的课程，仿佛就像是全新的内容一样有趣。"

假如老师告诉你说，你的孩子非常聪明，能够有办法和高年级比他大许多的孩子相处得很好，你最好不要听信这种话。即使是天资聪颖的孩子，也必须是在那些行为年龄跟他同龄的群体当中，他才会活得更自在。

图书在版编目（CIP）数据

你的8岁孩子 /（美）路易丝·埃姆斯，（美）卡罗尔·
哈柏著；玉冰译. -- 北京：北京联合出版公司，
2018.8（2024.6重印）

ISBN 978-7-5596-1864-1

Ⅰ.①你… Ⅱ.①路… ②卡… ③玉… Ⅲ.①儿童教
育 - 家庭教育 Ⅳ.①G782

中国版本图书馆CIP数据核字(2018)第055042号

北京版权局著作权合同登记 图字：01-2017-9092号

YOUR EIGHT YEAR OLD: LIVELY AND OUTGOING
By Louise Bates Ames (Author), Carol Chase Haber (Author).
Copyright © 1989 by The Gesell Institute of Human Development
This edition arranged with THE BANTAM DELL PUBLISHING GROUP
through BIG APPLE AGENCY, INC., LABUAN, MALAYSIA.
Simplified Chinese edition Copyright © 2012 by Beijing Zito Books Co., Ltd.
All rights reserved.

你的8岁孩子

作　　者　[美]路易丝·埃姆斯　[美]卡罗尔·哈柏
译　　者　玉　冰
责任编辑　郑晓斌　徐　樟
项目策划　**紫图图书ZITO**®
监　　制　黄　利　万　夏
特约编辑　曹莉丽
营销支持　曹莉丽
装帧设计　**紫图图书ZITO**®

北京联合出版公司出版
（北京市西城区德外大街83号楼9层　100088）
艺堂印刷（天津）有限公司印刷　新华书店经销
字数160千字　880毫米×1230毫米　1/32　10印张
2018年8月第1版　2024年6月第11次印刷
ISBN 978-7-5596-1864-1
定价：49.90元

紫图·汉字课

《汉字好好玩》（全5册）

有画面、有知识、有故事、有历史的汉字图书。
中央电视台、湖南卫视等多家媒体报道！
学汉字 就像在看画，写汉字 就像在学画！

《汉字好好玩》曾获选为台湾"百年文学好书"，多次参加两岸文博会，被中央电视台、湖南卫视等多家媒体争相报导，并引发代购狂潮。这套书保留了象形文字的精华，延续了汉字原创的精神，展现了"画中有字 字中有画"的汉字精髓，融合了文字学、哲学、美学与创意，以艺术的眼光介绍汉字！

作者精选75幅主题汉字画，500多个常用汉字的起源和演变，打破传统一笔一画的汉字学习方式，倡导图像学习汉字的新思维！

出版社：中国致公出版社
定价：329元（全5册）
开本：16开
出版日期：2018年5月

《一笔一画学汉字：1-3》

只要15幅汉字画，就能轻松学会86个汉字。
从根源认汉字，才是智慧的学习方式。

《一笔一画学汉字：1-3》是《汉字好好玩》作者张宏如给孩子的汉字启蒙书，作者原创多幅汉字画作品，打破传统的汉字学习方式，让孩子们从一幅幅汉字画中感受古人造字的精髓，识字就像看画，写字就像在画画。只要一幅汉字画就可以同时达到识字、写字的效果。

出版社：北京日报出版社
定价：129元（全三册）
开本：16开
出版日期：2019年5月

《一笔一画学汉字：4-6》

只要15幅汉字画，就能轻松学会80个汉字。
从根源认汉字，才是智慧的学习方式。

《一笔一画学汉字：4-6》是《汉字好好玩》作者张宏如给孩子的汉字启蒙书，作者原创多幅汉字画作品，打破传统的汉字学习方式，让孩子们从一幅幅汉字画中感受古人造字的精髓，识字就像看画，写字就像在画画。只要一幅汉字画就可以同时达到识字、写字的效果。

出版社：北京日报出版社
定价：129元（全三册）
开本：16开
出版日期：2019年11月

紫图·育儿课

《法布尔植物记：手绘珍藏版》（全2册）

因《昆虫记》闻名于世的法布尔又一巨作。

所有植物爱好者不可错过的"植物圣经"。

大自然给您和孩子的邀请信，送给孩子最好的礼物。

　　《法布尔植物记：手绘珍藏版》（全2册）由《昆虫记》作者法布尔耗时10年著成，权威，科学，生动有趣。法布尔用讲故事的形式讲述了植物一生的美丽故事，同时还告诉读者许多人生的智慧，是激发孩子探索世界的最好礼物。为了还原最真实的植物形态，绘者历时2年取景，培育植物，最终精美呈现出300余幅插画。

出版社：北京联合出版公司
定价：99.9元（全两册）
开本：16开
出版日期：2019年8月

《勇敢的小狼》（全6册）

本系列荣获2016/17年英国人民图书奖"最佳童书"奖项、提名2017妈妈选择奖"最佳儿童读物系列"、提名2017英国教育资源奖"最佳教育图书"。

　　《勇敢的小狼》（全6册）由知名童书作家创作，专业童书插画家配图，已授权多个国家和地区。这是一套专为4~7岁孩子创作的绘本，帮助全球孩子化解成长过程中遇到的情绪问题，让家长不再焦虑，让孩子学会管理自己。随书赠送4套情绪卡片。

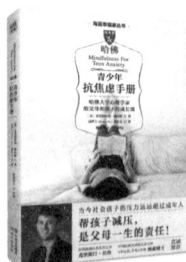

出版社：北京联合出版公司
定价：199元（全6册）
开本：16开
出版日期：2019年6月

《青少年抗焦虑手册》

哈佛大学临床心理学家给孩子的成长课。

　　本书是一本为生活学习中普遍存在焦虑问题的青少年和年轻人提供的心理自助实用手册。孩子在父母或老师的带领下，在家里、学校里或者任何地方都可以拿来学习和使用，消除焦虑，纾解压力。书中针对具体问题设计了启发式问答及练习，帮助读者更好地理解焦虑的根源，养成积极的思维习惯。作者循循善诱，字里行间流露出同情和理解，充分考虑到青少年、年轻读者群的心理特点，融专业实用和趣味阅读于一体，是一本十分难得的心理健康读物。

出版社：现代出版社
定价：42元
开本：32开
出版日期：2017年2月

紫图·育儿课

《开启高敏感孩子的天赋》

高敏感不是缺陷，而是上苍赐予 TA 最特别的礼物。

肯定 TA 的独特，开启他们的天赋，让他们感受更多，想象更多，创造更多。

《开启高敏感孩子的天赋》是高敏感孩子第一临床医生的扛鼎之作，给高敏感孩子家长的 41 个养育·照顾·陪伴的指导。全世界每 5 个人当中就有 1 个人是高敏感族，当这个人是孩子时，就是"高敏感孩子"。高敏感是种与生俱来的气质，它会成为孩子的弱点或是优点，全靠父母的教养方式。

出版社：北京联合出版公司
定价：49.9 元
开本：32 开
出版日期：2019 年 9 月

《赢在未来的"虎刺怕"小孩》

"虎刺怕"（Chutzpah）是犹太人特有的"个性品牌"，代表勇敢、不畏权威、大胆。

马云说："在以色列，我学到了一个词，Chutzpah——挑战传统的勇气。我相信这种精神属于 21 世纪，属于第三次技术革命，属于未来。"

《赢在未来的"虎刺怕"小孩》是一本展现犹太人育儿经验的书，给家有 0~12 岁孩子的你，养出不畏权威、理性对话的"虎刺怕"小孩。小孩哭不停，大人到底该不该介入？孩子不爱念书，怎么办？和小孩讲话不听怎么办？……犹太人育儿经验告诉你，如果想要孩子赢在未来，那么就给予孩子充满安全感、幸福快乐的童年！

出版社：北京日报出版社
定价：49.9 元
开本：32 开
出版日期：2019 年 9 月

《妈妈强大了，孩子才优秀》

央视著名主持人李小萌真心推荐"一本教妈妈的书，胜过十本教孩子的书。"

书中强调了家长要接纳孩子，要了解孩子不同年龄的心理特色，不要进行错位教育，否则大人孩子都累！

本书是儿童教育专家罗玲经多年研究，并结合自身育儿经验的心血之作，不但解决了育儿中的难题，甚至改变了家长在生活中的态度。书中除了给出具体解决诸如孩子胆小、好动、打人、骂人、磨蹭、逆反、不认错、爱抱怨、爱哭闹等生活中常常让大人焦头烂额的育儿问题的方法外，还从根本上告诉家长要如何才能帮助孩子长成最好的自己，如何引导孩子合理发挥自己的智能。

出版社：江西科学技术出版社
定价：39.9 元
开本：16 开
出版日期：2016 年 1 月

紫图·育儿课

罗大伦《脾虚的孩子不长个、胃口差、爱感冒》

不伤孩子的脾，别伤孩子的心。

从调理脾胃和情绪入手，有效祛除孩子常见病根源。

2018 年修订升级版。

新增当下常见的儿童舌苔剥落成因及调理。

　　一本从调理脾胃和情绪入手，教会家长如何对症调理孩子常见病并祛除疾病根的书。书里介绍的各类调理方法已被无数受益的家长验证有效，只要家长认真按书里介绍的辩证使用即可。由知名中医诊断学博士、中央电视台《百家讲坛》特邀嘉宾罗大伦倾心奉献，帮助家长调理孩子瘦弱、不长个、胃口差、爱发脾气等一系列令人焦心的孩子生理和心理问题。随书赠送：孩子长得高、胃口好、不感冒的特效推拿、食疗方速查速用全彩拉页。

出版社：江西科学技术出版社
定价：49.9 元
开本：16 开
出版日期：2018 年 3 月

罗大伦《让孩子不发烧、不咳嗽、不积食》

调好孩子脾和肺，从小到大不生病。

指导家长用食疗和心理学方法 对症调理孩子常见病。

2018 年修订升级版。

新增怀山药治疗外感使用大全、白萝卜水止咳法。

　　书中把孩子发烧、咳嗽、积食各个阶段的病因和症状讲得通俗、清晰，可以让任何家长都能及时发现孩子身体状况的变化，防患于未然。介绍的调理方法简单、安全，多为食疗及外治法，能提供给家长一系列可操作的解决方案。由知名中医诊断学博士、中央电视台《百家讲坛》特邀嘉宾罗大伦和儿童教育专家、亲子、教育专栏作家罗玲联袂著作，教你快速成为孩子身体和心理上的全方位保护神。随书赠送：孩子常见疾病的每个阶段不同疗法速查速用全彩拉页。

出版社：江西科学技术出版社
定价：49.9 元
开本：16 开
出版日期：2018 年 3 月

罗大伦《图解儿童舌诊》

知名中医专家、中医诊断学博士罗大伦，根据孩子常见身体问题与不同体质舌象的精准分析，给出了 40 种对症调理孩子身体的食疗、泡脚、推拿方等。

　　很多孩子生病后，自己也说不清到底是哪里不舒服。作为家长，只要把孩子的舌象看清楚了，就能分析出孩子的问题到底出在了哪里，不仅能在疾病的早期及时给予食疗、推拿等调理的方法，也能在自己无法解决时，将孩子身体状况的准确信息传达给医生，便于医生诊治，从而更好地配合治疗，帮孩子早日恢复健康。

出版社：江西科学技术出版社
定价：69.9 元
开本：16 开
出版日期：2019 年 7 月